지평 IPO 실무연구
(2025)

법무법인(유) 지평 · IPO실무연구회

박영사

개정판 머리말

지평 IPO실무연구 2025년 개정판을 발간하며

지난해 지평IPO실무연구(2024) 초판은 IPO 관련 유일한 실무연구서로서 발행사, 주관사 등 다양한 업계 관계자분들로부터 많은 관심과 호응을 얻었습니다. 지평 자본시장그룹은 올해에도 그간 쌓아 온 국내외 IPO 법률자문 분야에서의 전문성을 체계적으로 정리하고 실무 노하우를 공유하여 상장준비기업의 성공적인 IPO를 지원하는 동시에 한국 자본시장의 지속적 발전에 이바지하고자 지평IPO실무연구(2025)를 발간하게 되었습니다. 2025년 개정판에서는 기존에 다루었던 기본적인 상장제도 일반과 실무상 주요 쟁점의 내용을 보완하고, 2024년도 IPO 시장을 결산하였으며, 최근 개정된 법령, 규정과 각종 가이드라인의 내용을 업데이트하였습니다.

또한, 개정판에서는 다음과 같은 내용을 추가하였습니다. 첫째, 지평이 강점을 가지고 있는 외국기업의 한국거래소 IPO 경험과 노하우를 정리하고 관련 실무상 쟁점을 추가하였습니다. 외국기업이 한국거래소에 상장하는 방법은 지주회사 방식을 활용하거나, 원주 또는 DR을 상장하는 방법 등 다양한데 특히, 본 개정판에서는 외국기업이 한국증권예탁증권(Korean Depositary Receipts, KDR)을 발행하여 한국거래소에 상장하는 방식을 중심으로 상장구조, 상장요건 및 실무상 주요이슈를 정리하였습니다. KDR 발행 이후 주식매수선택권 행사, 유상증자 등 사례도 축적되고 있으나 이는 본 개정판에서 다루지는 않았습니다.

둘째, 투자자 사전동의권 관련 대법원 판결에 관한 실무적 평가를 추가하였습니다. 2023년 해당 판결을 비롯하여 여러 투자계약 상 사전동의권의 효력에 관한 결정이 있었습니다. 이후 어느 정도의 시간이 경과한 현 시점에서 그 의미를 다시 한 번 고찰하고, 해당 판결 이후 투자계약이나 주주간계약의 실무 관행이나 한국거래소의 입장에 어떠한 영향을 미쳤는지 살펴보는 한편, 향후 상장준비기업의 대응 방향을 모색하였습니다.

지난해에 이어서 올해도 IPO시장이 쉽게 회복될 것으로 보이지는 않습니다. 한국거래소 상장심사 기조가 엄격화 되고 있어 진입의 문은 좁아지고 퇴출의 문은 넓어질 것으로 예상되므로 상장을 준비하는 회사 입장에서는 작은 법률 및 내부통제리스크 하나라도 더 확인하고 사전에 해소하는 등 철저히 준비하여 심사에 대비할 필요성이 증가되었습니다. 지평 자본시장그룹은 상장준비기업에 보다 나은 자문 서비스를 제공하기 위하여 2025년 2월 채남기 前 한국거래소 부이사장을 고문으로 영입하였고, IPO실무 인력을 지속적으로 확충하고 있습니다. 이를 통해 더 많은 사례를 축적하고 실천적 솔루션을 연구하여 본서의 내용 역시 지속적으로 보충해 나가도록 하겠습니다.

이 책이 IPO를 준비하는 기업 관계자, 투자자 및 IB실무자들에게 실질적인 도움이 되기를 바랍니다. 또한, IPO 과정이 단순한 법률적 검토와 평가를 넘어 비상장기업이 공개기업으로 질적 전환하는 중요한 계기이고, 당해 기업의 지속적인 성장과도 맞닿아 있다는 점을 염두에 두고, 자본시장 관계자분들이 IPO의 본질을 보다 깊이 이해하는 데 기여할 수 있기를 기대합니다. 그리고 지평 IPO 실무연구회는 지속적으로 본서의 논의를 업데이트하고 다양한 방식으로 실무적인 도움을 제공할 수 있도록 노력하겠습니다.

끝으로, 본서가 출간될 수 있도록 많은 도움을 주신 모든 분들께 감사의 말씀을 전하며, 앞으로도 자본시장 관계자 여러분의 의견을 반영하여 더욱 유익한 개정판을 만들어 나가도록 하겠습니다.

2025. 3.

지평 IPO 실무연구회

머리말

2024년 청룡의 해를 맞이해 지평 IPO 실무연구회에서 '지평 IPO 실무연구 2024'를 발간하게 되었습니다. 법무법인(유) 지평 자본시장그룹은 2000년 지평 설립초기부터 (구) 증권업협회를 자문하면서 자본시장 분야에 진출했고, 2007년부터 외국기업 IPO 분야 및 동남아 자본시장 교류 분야에서 압도적인 전문성을 나타내었습니다. 그리고 소위 한국 SPC(외국기업지배지주회사, 국내소재외국지주회사) 방식의 IPO 제도를 설계하여 국내기업의 해외자회사를 한국에 상장시켰고 이를 통해 해외투자 회수는 물론 한국 자본시장 국제화에 기여하였습니다.

한편 지평 자본시장그룹은 이행규 그룹장의 리더십을 바탕으로 한국거래소 임원 출신인 김병률 고문과 한국거래소 코스닥시장과 유가증권시장 팀장을 역임한 장영은 수석전문위원을 선제적으로 영입하면서 국내 IPO 분야를 체계적으로 자문하게 되었고, 2019년부터 2023년 5년 연속 국내 IPO 최다 법률자문사로 선정되는 명성을 보유하게 되었습니다.

지평 자본시장그룹은 그간 100여 건이 넘는 IPO를 자문하면서 거의 모든 유형의 쟁점을 접하게 되었고, 고객 맞춤형 솔루션을 제시하는 탁월한 문제해결 능력을 보유하고 있습니다. 금번 '지평 IPO 실무연구 2024' 책자는 지평 자본시장그룹 내 IPO 실무연구를 담당하고 있는 지평 IPO실무연구회에서 한국 IPO 시장 발전을 위해 그간 축적해 온 경험과 노하우를 공유하고자 집필하게 된 것입니다.

'지평 IPO 실무연구 2024'에서는 2023년 IPO 시장을 결산하고(장영은 수석전문위원), IPO의 의의와 IPO 준비기업 CEO들이 알아야 할 8가지 필수 노하우를 제시하고 있습니다(이행규 연구회장). 그리고 장영은 수석전문위원이 IPO의 요건과 절차를 실무적 관점에서 정리하였습니다. 또한 싱가폴 국립대에서 LLM 연수를 마치고 돌아온 김진하 파트너변호사가 IPO 준비기업에서 자주 발생하는 경영투명성과 내부통제 훼손, 경영 안정성과 주주간 계약이라는 실무적 쟁점을 분석했고, 김민우 변호사가 스톡옵션 관련 실무상 쟁점을 정리했습니다. 그리고 IPO 준비기업이 자주 놓치는 공모 관련 증권신고서 미제출 이슈에 대한 솔루션을 서민아 변호사가 실무적 관점에서 체계적으로 정리했고, 김희종 변호사가 최근 이슈가 되었던 물적분할 후 상장 관련 쟁점을 분석했습니다. 아울러 PEF와 IPO 관련 특수 쟁점으로 PE운용사 IPO(서민아 변호사)와 PEF가 최대주주인 회사의 IPO(장영은 수석전문위원)에 대해서도 다루었습니다.

'지평 IPO 실무연구 2024' 발간을 위해 PE팀의 안중성 파트너변호사와 한석원 변호사의 PE산업 전문성, 반기일 선임외국변호사 및 김예지 선임외국변호사의 국제자본시장 자문 경험과 미국 콜럼비아로스쿨 LLM 연수중인 이유진 변호사의 미국 자본시장 노하우를 참고하였고, 임준이 선임연구원의 실사경험, 비서그룹의 김상희 팀장, 김혜수 과장과 신연수 대리, 정다현 주임의 리서치 및 통계자료 작성은 물론 지식지원그룹의 임혜영 부장, 나세진 팀장의 시장조사 및 분석자료로부터도 큰 도움을 얻었습니다.

앞으로 지평 IPO 실무연구회는 금번 '지평 IPO 실무연구 2024' 발간을 시작으로 매년 초에 직전년도 IPO 시장을 결산하고, IPO 과정에서 발생하는 복잡하고 다양한 실무적 쟁점을 분석 및 정리하는 실무서를 지속적으로 발간할 계획입니다. 이를 통해 IPO 시장에서 법률전문가로서 중요한 Gate Keeper 역할을 충실히 수행하고, 나아가 투자자보호 및 IPO 시장 선진화에 기여하고자 합니다. 또한, 지평 IPO 실무연구회는 새내기 IPO 기업 및 CEO가 상장 이후 더 큰 글로벌기업으로 성장해 나가기 위해 필요한 준법경영의 중요성을 보다 명확하게 인식할 수 있도록 조력하여 한국자본시장 발전에도 지속적으로 기여하고자 합니다. 감사합니다.

2024. 3.

지평 IPO 실무연구회

추천사

『지평IPO실무연구』 개정판 출간을 진심으로 축하드립니다. 본서는 지평 자본시장 그룹이 오랜 시간 축적해 온 국내외 자본시장 업무 경험과 노하우를 바탕으로 기업공개(IPO) 실무에 있어 필수적인 내용을 체계적으로 정리하고, 최신의 실무 동향과 사례를 충실히 반영한 유일한 실무서라는 점에서 큰 의미가 있습니다.

한국 자본시장은 지속적인 변화와 발전을 거듭하고 있으며, IPO 과정에서도 법적, 제도적 요구사항이 보다 정교하게 정비되고 있습니다. 특히, 상장 심사 기준의 고도화, 내부 통제 및 지배구조에 대한 감독 강화, 투자자 보호를 위한 공시 의무 확대 등은 예비 상장기업뿐만 아니라 IPO를 준비하는 모든 관계자들에게 자본시장에 대한 더 높은 수준의 이해를 요구하고 있습니다. 이에 따라, IPO를 준비하는 기업과 자본시장 관계자들은 최신 법령 및 규제 변화에 대한 이해를 바탕으로 철저한 사전 준비와 전략적 접근이 요구됩니다.

이러한 상황에서 『지평IPO실무연구』는 상장실무를 담당하는 기업의 경영진, 법무 및 재무 담당자, IB업계 종사자 등 관계자들에게 실질적인 가이드 역할을 해줄 수 있는 귀중한 자료라 할 수 있습니다. 특히, 'IPO 성공을 위해 CEO가 알아야 할 8가지'는 지평의 이행규 대표변호사가 지난 25년간 100건 이상의 국내외 IPO를 자문하는 과정에서 얻은 인사이트를 바탕으로 한 어디서도 들을 수 없는 조언이므로 상장 준비기업의 CEO와 CFO분들께 일독을 권합니다.

지평 자본시장그룹은 오랜 기간 국내외 IPO 시장에서 다양한 유형의 기업들의 성공적인 상장을 지원하며 풍부한 경험을 쌓아왔습니다. 이러한 경험과 축적된 사례에 기반한 『지평IPO실무연구』는 IPO를 준비하는 기업들이 직면할 수 있는 각종 법률적 이슈에 대해 실질적인 해법을 제시하며, 각 단계별로 고려해야 할 사항들을 명확하면서도 균형 있게 정리하고 있습니다. 특히, 일반적인 상장 요건과 절차뿐만 아니라 상장 준비 과정에서 자주 문제되는 내부통제훼손, 주주간계약, 주식매수선택권, 증권신고서 미제출 등 주요 쟁점에 대한 해설이 포함되어 있어 실무자들에게 매우 유용할 것입니다.

끝으로, 본서를 집필한 지평 IPO 실무연구회 구성원들과 본서의 출판 과정에 도움을 주신 모든 분들에게 깊은 감사를 표합니다. 이 책이 IPO를 준비하는 모든 기업과 자본시장 관계자들에게 신뢰할 수 있는 길잡이가 되기를 바라며, 지평 자본시장 그룹이 IPO 명가(名家)로서 앞으로도 자본시장 발전에 기여하는 중요한 역할을 지속해 주시기를 기대합니다.

채남기

법무법인(유) 지평 고문, 상장유지 지원센터 센터장

(前. 한국거래소 부이사장)

차례

Ⅱ. 실무상 주요 쟁점

Ⅲ. 특수 IPO 실무

2024년 IPO 결산

2024년 글로벌 IPO 시장은 전년대비 IPO건수는 10%, IPO 조달 금액은 4% 모두 감소한 것으로 분석되었다. 지역별로는 유럽·중동·인도·아프리카(EMEIA) 지역이 IPO건수 및 조달금액 기준 선두로 부상했으며, 미주지역도 강력한 회복세를 보인 반면, 아시아태평양 지역은 하락세가 지속되었으며, 특히, 중국이 규제강화의 영향으로 10년만에 가장 저조한 실적을 보여 주었다.

2024년 글로벌 IPO 시장의 특징은 사모펀드(PE)와 벤처캐피탈(VC)의 투자를 받은 기업들이 전체 자금조달 금액의 46%를 차지하는 등 PE 및 VC의 중요성이 재확인되었으며, 특히, 업종별로는 AI 관련 IPO가 급증하였고 IPO 준비기업도 증가하는 등 향후 IPO 활성화를 이끌 모멘텀으로 전망된다는 점이다.[1]

국내 IPO시장은 글로벌 시장과 달리 '상고하저'로 요약된다. 상반기 정부의 기업 밸류업 지원방안 및 공모주 열풍에 힘입어 IPO 시장이 활성화되었으나, 하반기 접어들면서 공모가 거품논란, 반도체 업황전망 악화, 8월 블랙먼데이(엔캐리트레이드 청산 충격), 외국인 대규모 매도세 전환 등으로 IPO시장도 침체되기 시작했으며, 이후 11월 미국대선, 12월 비상계엄 선포 등 경제 및 정치적 불확실성에 따라 증시 및 공모시장의 부진이 지속되었다.

유가증권시장의 경우, IPO건수는 2023년 10사에서 2024년 11사(리츠 포함, 재상장 제외)로 1사 증가하였으며, 공모 금액도 전년 1.3조 원에서 2023년 1.9조 원으로 증가하였다.[2] 공모 금액 증가는 HD현대마린솔루션의 0.7조 원 공모자금 조달의 영향이 큰데, 이를 제외할 경우 유가증권시장에서의 IPO건수 및 금액은 전년과 유사한 수준으로 평가할 수 있다.

---

1) "2024년 글로벌 IPO시장, 미주와 유럽·중동·인도·아프리카(EMEIA) '회복', 아시아태평양 '주춤'" 보도자료(EY한영, 2025.1.6.)

2) "2024년 증권시장 결산" 보도자료(한국거래소, 2024.12.30.)

[유가증권시장 연도별 IPO 현황]

(단위: 사)

구분			2021년	2022년	2023년	2024년
국내기업	신규상장	일반	15	5	8	10
		SPAC	1	-	-	-
		리츠(Reits)	5	3	2	1
	SPAC 합병상장		-	-	-	-
	재상장		5	1	9	4
외국기업	신규상장		1	-	-	-
합계			27	9	19	15

*(이전상장) 2사('21년) → 1사('22년) → 3사('23년) → 3사('24년)

코스닥시장의 경우, IPO건수는 2023년 132사에서 2024년 128사(재상장 제외, SPAC 포함)로 전년과 유사한 수준인 반면, 공모 금액은 전년 2.8조 원에서 2024년 2.4조 원으로 감소하였다. 공모 규모는 2021년 3.6조 원 조달 이후 매년 소폭 감소 중인 상황으로 대내외 정치적 불확실성 및 신규상장 기업수 정체의 영향으로 보인다.

기술특례상장 기업은 2023년 35사에서 2024년 42사로 증가하였는데, 이는 2005년 기술특례제도 도입 이후 최다 상장에 해당하며, 최근 10여년 동안 기술 및 혁신 중소기업 상장 활성화를 위해 기술특례상장 제도를 지속적으로 개선해 온 코스닥시장의 성과로 평가할 수 있겠다. 기술특례상장 기업의 업종을 보면 2020년까지는 바이오 기업이 주된 특례상장 기업이었으나, 2021년부터는 소재·부품·장비 등 非바이오 기업의 비중이 훨씬 더 많은 상황이다.[3)]

그 외 일반기업은 전년 60사에서 2024년 45사(재상장 제외)로 감소한 반면, 스팩(SPAC)은 전년 37사에서 2024년 40사로 소폭 증가하였다.

한편, 2024년은 상장심사가 강화된 해이기도 하다. 코스닥시장의 경우 2024년 심사철회, 공모철회 등으로 최종 상장이 무산된 기업은 44사(신규상장, 이전상장 대상)로서 전년 18사 대비 크게 증가하였는데, 이는 2024년 들어 코스닥시장의 신속한 심

3) "2024년도 코스닥시장 신규상장 현황 및 주요 특징" 보도자료(한국거래소, 2024.12.26.)

사방침 및 기술특례상장 기업의 사업성 심사 강화 등에 따른 영향으로 보인다. 이러한 2024년 심사강화 기조는 올해 1월 발표된 “IPO 및 상장폐지 제도개선 방안”과 함께 주식시장의 코리아 디스카운트 해소를 위한 정부정책과도 일치하는 방향이므로 당분간 지속될 것으로 전망된다.

[코스닥시장 연도별 IPO 현황]

(단위: 사)

구분			2021년		2022년		2023년		2024년	
			일반	특례	일반	특례	일반	특례	일반	특례
국내기업	신규상장	일반	44	30	40	26	46	31	32	38
		SPAC	24	-	45	-	37	-	40	-
	SPAC 합병상장	존속 합병	15	-	11	2	4	-	1	-
		소멸 합병	-	-	4	-	10	4	12	4
	재상장		1	-	1	-	-	-	1	-
외국기업	신규상장		-	1	-	-	-	-	-	-
합계			84	31	101	28	97	35	86	42
			115		129		132		128	

*(이전상장) 13사(‘21년) → 6사(‘22년) → 7사(‘23년) → 3사(‘24년)

2024년 IPO 시장은 상반기 공모주 열풍, 기업 밸류업 지원방안 등으로 주가 상승에 따라 공모시장도 상승하였으나, 하반기 경제 및 정치적 불확실성 등으로 부진을 면치 못하였는데, 이는 글로벌 IPO시장 동향과는 상반되는 현상이다.

2025년 상반기 어느 정도 정치적 불확실성이 해소되고, 이에 따른 경제적 불확실성도 완화된다면 투자심리도 병행하여 회복될 것이므로 2025년 IPO시장도 상승모멘텀을 찾아 더욱 활성화될 수 있기를 기대해 본다.

I

상장제도 일반

I. 1

IPO의 의의

상장과 실무상 동일하게 사용되는 IPO는 initial public offering의 약자이다. 엄밀하게 말하면 IPO는 비상장회사가 상장 과정에서 진행하게 되는 첫 번째 공모행위를 지칭하는 것이다. 기업공개라는 용어도 종종 사용되는데, 이러한 IPO를 통해 회사의 영업과 재무 및 지배구조 등이 일반에 공개되고 상장 이후에도 지속적으로 이를 공시하게 되어 IPO 또는 상장을 기업공개라는 용어로 지칭하기도 한다.

한편 상장(listing)은 주식의 매매거래를 관리하는 거래소에 발행증권을 편입하는 행위로 볼 수 있고, 우리나라에서는 한국거래소가 상장심사를 담당하고 있다. IPO 절차에서 상장예비심사를 신청하게 되는데, 이 상장예비심사가 실질적으로는 본심사이고, 상장예비심사가 끝난 뒤 금융감독원에 증권신고서를 제출하고 효력이 발생한 뒤 공모절차를 거쳐 한국거래소에 본 상장신청을 하게 되는데 이 본 상장신청은 형식적인 절차로 볼 수 있다.

그러면 기업은 왜 IPO를 추진하게 되는가?

우선 가장 일반적인 IPO 추진 배경은 자금조달이다. 현금이 넉넉하고 재무구조가 탄탄한 회사는 일반적으로 IPO를 추진할 동기를 쉽게 찾을 수 없다. IPO를 통해 기업공개가 되면 여러 규제당국과 소액주주, 언론 등 대응해야 할 영역이 크게 늘어나기 때문이다. 그러나 추가적인 설비투자나 M&A, R&D 자금이 급한 회사들에게는

IPO가 유력한 자금조달 수단이 된다. pre-IPO 과정에서 여러 기관투자자나 사모펀드들로부터 자금을 조달하게 되는데, 이러한 사모자금들은 주주간 계약을 통한 경영관여나 투자회수보장 등 부담스러운 조건이 많은 반면에 IPO를 통한 공모주주들에게는 그러한 조건을 제공할 필요가 없기 때문이다. 대기업 알짜 계열회사들을 IPO 하는 것도 모회사의 자금조달을 위한 경우가 많고, 지배구조개편 및 경영권 승계 자금조달을 위해 IPO를 추진하는 경우도 종종 있다. 상장 이후에 회사의 시가총액을 토대로 한 객관적인 valuation을 토대로 유상증자, CB 등 다양한 자금조달 수단을 활용할 수 있게 되는 것도 IPO의 큰 장점이다.

다음으로 IPO를 추진하게 되는 사유 중 하나는 pre-IPO 투자유치조건상 적격상장의무 이행을 위한 경우다. 상장을 exit 전략으로 하여 진행되는 대다수의 pre-IPO 투자는 대부분 일정한 기한(대략 3내지 5년)내에 적격시장에 상장을 완료하는 것을 조건으로 이루어지고, 이러한 적격상장의무를 이행하기 위해 IPO가 추진된다. 적경상장이 완료되면 기존에 회사 최대주주와의 주주간 계약도 해소되므로 회사 오너 입장에서도 IPO를 통해 기관투자자들을 exit 시키고 회사운영의 자율성을 더 많이 확보할 수 있게 되는 장점이 있다. 다만, 최근 고금리로 침체된 시장환경 속에서 pre-IPO 투자자들의 공모가격에 대한 동의권 행사로 공모 직전 IPO가 철회되는 경우가 속출했는데, 이러한 상황을 감안해 pre-IPO 투자 조건을 잘 설계할 필요가 있다.

한편, IPO는 폐쇄적인 비상장회사에서 글로벌기업으로 발전하기 위해 기업의 체질을 질적으로 변화시키는 중요한 계기이고 큰 비전을 가진 회사 오너들은 IPO를 그러한 질적 전환의 계기로 삼고자 하는 경우도 많다. IPO를 통해 영업, 재무, 회계, 법무, 내부통제 등 제반 관리시스템을 한 단계 업그레이드할 수 있고, 그 과정에 내부인력들의 전문성이 제고되고 시야가 넓어지며 다양한 외부 전문가 풀을 활용할 수 있는 경험과 자산이 축적될 수 있다. 높아진 내부 사기를 토대로 글로벌기업으로 성장하기 위한 큰 비전을 IPO 과정에 설계할 수 있는 것이다. 다양한 투자자들과 여러 전문가들을 만나고 새로운 리스크를 직면하고 해결해 나가면서 회사 오너의 리더십도 한 단계 발전할 수 있게 된다. 개인적으로는 이 부분이 IPO 관련 의의 중에 의미가 매우 큰 요소라고 생각한다.

끝으로 IPO를 통해 최대주주 및 회사 임직원이 상장 과실을 향유할 수 있게 되는 것도 IPO의 의의 중 하나로 꼽을 수 있다. 최대주주는 일정 지분을 구주매출할 수 있고, 의무보유기간 이후에도 일정한 지분을 블록세일 등으로 매도하여 투자수익을 시현할 수 있다. 임직원들도 우리사주조합이나 스톡옵션 행사를 통해 그간 회사 발전을 위해 애써온 노력에 대한 보상을 받을 수 있게 된다. 상장 전에 최대주주가 임직원들에게 공로주를 배분하는 사례도 있고, 상장 이후에는 자사주를 통해 RSU 프로그램을 설계할 수도 있다. 이와 같이 IPO는 회사 구성원들에게 높아진 회사 valuation을 토대로 성장 과실을 배분할 수 있는 좋은 기제가 될 수도 있다.

I.2

IPO 성공을 위해 CEO가 알아야 할 8가지[4)]

IPO, 즉 상장은 비상장회사를 가족이나 의기투합한 몇몇 지인들을 중심으로 설립한 비상장회사를 대기업으로 성장시켜 가는 과정에 단 한 번 있는 이벤트이다. 영업이 잘되고 자금이 풍부한 비상장회사는 IPO를 추진할 유인이 별로 없다. 상장회사가 된다는 것은 장점도 많지만 오너나 CEO가 고려해야 할 여러 가지 부담도 즐비하다. 하지만, 더 큰 성장을 이루기 위한 투자재원이 절박한 경우, pre-IPO 투자를 받아 적격 IPO를 추진해야 할 시점이 도래한 경우, 그동안 악전고투하면서 성장시켜 온 회사를 상장해 성과를 시현하고 싶은 경우, 많은 임직원들의 노력과 헌신에 대한 보상이 필요한 경우 등 IPO를 추진해야 할 이유는 부지기수다.

그런데 대부분의 오너나 CEO는 IPO에 대해 문외한이다. 그렇다고 IPO의 성공이 오너나 CEO의 해박한 자본시장 지식으로 보장되는 것도 아니다. 필자가 100여 개 이상 IPO를 자문한 경험에 따르면 그야말로 운칠기삼(運七技三), 복불복(福不福) 등으로 평가할 수밖에 없는 불확실성이 매우 높은 과정이다. 그렇다고 아무런 준비 없이 IPO 성공을 운에만 맡길 수도 없는 노릇이다. 필자가 자본시장 분야에서 22년간 쌓은 경험을 토대로 IPO 성공을 위해 회사 오너 및 CEO가 알아야 할 여덟 가지 핵

4) 이 chapter는 지평 IPO실무연구회장 겸 자본시장그룹장을 맡고 있는 이행규 변호사가 100여 개 이상의 IPO를 자문한 경험을 바탕으로 집필한 것이다.

심 요소를 정리해 보았는데, 예비상장기업 오너 및 CEO 그리고 CEO를 보좌해 IPO를 실질적으로 책임지고 있는 CFO분들께 조금이나마 도움이 되었으면 한다.

첫째, 신뢰할 수 있는 주관증권사를 잘 선정하는 것이 중요하다. 대부분 알고 있는 것처럼 IPO는 상장을 주관하는 대표주관회사가 대상회사 실사를 기반으로 상장적격성 확보를 위한 제반 준비를 조력하여 한국거래소에 상장예비심사신청서를 제출하도록 한다. 그리고 한국거래소의 상장심사는 주관증권사가 상장주선인 지위에서 대응하게 된다. 수많은 상장준비기업 중 하나인 당해 회사는 대표주관회사 및 실무팀과 최고 수준의 신뢰를 형성해야 하고 IPO 준비 과정에 발생하는 모든 문제를 대표주관회사와 우선 상의하게 된다. 회사 오너 및 CEO는 실무를 담당하고 있는 CFO에 힘을 실어 주는 한편, 주관증권사 실무자들에 대한 관심과 노고를 수시로 치하하여 당해 회사에 대한 관심과 신뢰를 증가시킬 필요가 있다. 중소형 IPO가 진행되는 코스닥시장의 경우 오너(최대주주)에 대한 도덕성을 비롯해 다양한 관점에서의 검증을 거치게 되므로 오너의 주관증권사에 대한 신뢰 형성은 IPO 성공을 위해 제일 중요한 핵심 요소라 할 수 있겠다.

둘째, 능력 있는 CFO를 잘 선정하는 것이 중요하다. 제조, 기술, 영업 중심으로 성장해 오다가 IPO를 준비하는 단계에 이르게 되면 주관사 실사, 외부감사 및 법무실사 등을 거치며 그간 그다지 중요하지 않게 생각했던 재무회계, 법무, 내부통제 및 준법경영 등 내부관리시스템의 중요성이 갑자기 부각된다. 그런데 영업이나 R&D에 집중해 오던 오너나 CEO는 이런 관리적 이슈에 대응하기 어렵고 결국 이러한 부분을 담당할 유능한 CFO가 필수적이다. 중소규모 비상장회사 CFO는 주관사 실사대응 및 valuation 협상, 외부감사 대응, 법무실사 대응, 거래소심사 대응 등 IPO과정에 진행되는 거의 모든 실무를 책임지는 매우 중요한 자리이다. CFO의 역량에 따라 IPO의 성공이 좌우된다고 해도 과언이 아닌 것이다. 내부의 재무/회계팀에서 이러한 역할을 담당할 수 있는 유능한 임원급 재무책임자가 있으면 매우 다행이지만, 그렇지 않을 경우 유사한 경험이 많은 베테랑 CFO를 IPO 준비 단계에서 영입하는 것을 적극 고려해 보아야 한다. 실제 많은 사례에서 경험 있고 전문성 있는 CFO를 영입하고 있다. 그리고 CFO의 헌신과 열정을 도출하고 유지할 수 있도록 적절한 보상 방안(스톡옵션 등)이 설계되어야 할 것이다.

셋째, 발행사 입장을 지원할 경험 많은 법률자문사를 선정할 필요가 있다. 외국기업의 한국거래소 상장과 달리 국내 IPO는 아직 법률자문사 선정이 의무 사항이 아니다. 하지만 최근 10년간 IPO에 법률자문사가 관여하는 비율이 꾸준히 늘어 현재는 전체 IPO의 40~50%에 달하는 딜에 법률자문사가 관여하고 있다. 특히 주관증권사를 대리하여 법률실사만 진행하는 법률자문사와 이외에 발행사 법률자문사를 선정하는 것이 중요하다. 발행사 법률자문사는 주관사 법률실사와 달리 발행사 고유의 문제를 해결하는 것은 물론 성공적인 IPO를 위해 제기되는 최대주주 관련 여러 문제를 선도적으로 고민하고 자문을 제공한다. 또한 정관 및 내부규정 정비, 주관사 실사 및 거래소 심사대응 관련 법률의견 제공 등과 같은 적극적인 역할을 하고, 특히 법무팀이 구축되지 않은 비상장회사의 사내법무팀 역할을 대신할 수 있다. 아울러 최근 ESG 흐름에 기반해 컴플라이언스와 준법경영이 매우 중요한 화두로 등장했고 IPO 심사과정에서도 이러한 요소가 질적심사 과정에서 심도 있게 검증되고 있으므로 경험 많고 신뢰할 수 있는 법률자문사를 선정하는 것도 성공적인 IPO를 위해 필수적이라고 할 수 있다.

넷째, IPO **성공의 과실을 임직원과 나눌 수 있는 합리적인** ESOP(스톡옵션/우리사주/공로주/RSU 등) **프로그램 설계도 중요하다.** 많은 오너나 CEO분들이 IPO를 통해 소속 임직원들에 대한 그간의 공로를 보상하고 회사의 성장에 더 오래 기여할 수 있도록 Employee Stock Ownership Plan("ESOP")을 설계하고 싶어 한다. 한국거래소도 합리적인 ESOP 프로그램의 설계를 질적 심사요건으로 평가하고 있고, ESG 관점에서도 유의미한 요소이다. 한편, 오너나 경영진은 ESOP 프로그램 설계 과정에서 임직원들이 상대적 박탈감을 느끼거나 우리사주조합의 경우와 같이 상장 직후 주가가 큰 폭으로 상승할 경우 우리사주 중도인출을 위해 1년내 조기 퇴사자가 발생할 수 있다는 점도 유의해야 한다. 이러한 ESOP 프로그램 설계 과정에서 거래소 심사를 주관하게 되는 대표주관사와 ESOP 프로그램이 법률적 정합성을 담보할 수 있도록 법률자문사의 조력을 필수적으로 받아야 한다.

다섯째, 신뢰할 수 있는 pre-IPO **투자자를 유치하는 것이 중요하다.** 거의 모든 상장준비기업들이 여러 차례에 걸쳐 다양한 투자자들로부터 pre-IPO 투자를 받는다. 투자를 받는 단계마다 회사의 가치가 뛰는 것을 보며 오너나 CEO는 마음이 들

뜰 수 있다. 하지만, 공짜 점심은 없다. 투자자들의 투자유치는 오너의 지분율 희석화를 초래하고, 투자자들의 투자 회수와 보호를 위한 다양한 장치(put-option, drag-along, tag-along, IPO의무, 공모가 결정 시 동의 조건, 주요경영사항에 대한 동의 및 협의 의무 등)가 필수적으로 동반된다. 이러한 투자유치 조건을 제대로 이해하지 않고 성급하게 투자를 유치하는 경우도 있고 불가피하게 그런 조건을 수용할 수밖에 없는 경우도 허다하다. 이럴 때 중요한 것이 핵심 pre-IPO 투자자와의 신뢰관계이다. 오너나 CEO의 경영철학에 대한 신뢰와 회사의 성장성을 바탕으로 이루어진 신중한 투자는 오래 갈 수 있고, 어려운 사안이 발생했을 때 슬기롭게 해결할 수 있는 토대가 된다. 따라서 신뢰할 수 있는 pre-IPO 투자자로부터 투자를 받는 것도 IPO의 중요한 성공 열쇠이다.

여섯째, 합리적인 내부통제체계 및 준법경영시스템 구축이 중요하다. 상장을 준비하는 과정에서 자주 이슈가 되는 항목 중 하나가 법규를 무시한 오너의 독단적 의사결정, 특수관계인과의 부당한 거래, 기회유용 및 위법한 회계처리이다. 이와 같이 내부통제체계가 훼손된 경우 거래를 원상회복하고 정관과 이사회 규정을 정비하고 내부거래위원회를 구성하는 등 다양한 방식의 내부통제체계 및 준법경영 시스템을 구축하게 된다. 특히 외부 투자자로부터 pre-IPO 투자를 받은 경험이 없거나 적은 IPO 준비기업의 경우 이러한 이슈가 도드라진다. 상장준비과정에 오너나 CEO가 컴플라이언스와 준법경영의 중요성을 인식하고 상장 이후에는 비상장회사 시절과는 다르게 회사 시스템이 운영되고 의사결정이 이루어져야 한다는 점을 분명히 인식하는 것이 중요하다. 오너 및 CEO가 이러한 준법경영 인식이 확고할수록 실무자들도 위법행위에 대한 경계심을 가질 수 있게 된다. 건실한 상장회사들이 상장 이후 임직원의 횡령배임으로 상장폐지심사를 받는 경우가 많다. 성공적인 IPO는 물론 상장 이후 적격성 유지를 위해서도 합리적인 내부통제체계 및 준법경영 시스템을 구축하는 것이 대단히 중요하다.

일곱 번째, 상장 이후 경영 안정성 확보 계획을 사전에 준비할 필요가 있다. 앞서 살펴본 것처럼 pre-IPO 투자를 받으면 받을수록 대체로 회사 가치는 높아지지만 시나브로 오너의 지분율은 낮아진다. 최근 벤처기업의 경우 복수의결권을 부여할 수 있는 특별법이 통과되었지만 벤처기업이 아니거나 상장 이후 3년이 도과하면 여전히 경영권 방어 이슈가 불거지게 된다. 상장 과정에 진행하는 공모물량으로 인해 추가적인 지분율 하락도 예상해야 한다. 회사가 본업에 집중하지 못하고 경영권 방어와 같은 다소 부차적인 이슈에 몰입되는 경우 불필요한 에너지와 비용이 낭비되어 결국 회사의 성장 잠재력이 훼손되고 외부세력에 의해 흔들려 발전하기 어렵게 된다. 따라서 오너 지분율이 충분하지 않을 경우 상장준비 단계 및 상장 직후에 전문가 도움을 받아 경영 안정성 확보를 위한 정관개정 및 제도 설계를 진행할 필요가 있다.

여덟 번째, 상장 이후 주가 관리 계획을 미리 세워 둘 필요가 있다. 수요예측을 바탕으로 공모가를 결정하는 과정에 인수단과의 협상을 벌이게 되는데, 높은 공모가를 고집하는 것이 반드시 좋은 것은 아니다. 상장 이후 주가가 우상향하지 못하고 우하향하는 경우가 상당하고 공모가보다 주가가 계속 빠질 경우 소액주주 민원도 많아지게 되며 매년 주주총회장이 긴장의 연속이다. 따라서 상장 이후에도 주가가 어느 정도 유지되거나 점진적으로 우상향할 수 있도록 적정한 공모가를 결정하는 것이 필요하다. 또한 상장 이후 회사의 성장 스토리를 미리 준비하고 차근차근 실행해 나가야 하고, 필요한 경우 오너가 추가로 지분을 매집하거나 자사주를 통해 주가를 관리할 필요가 있다. 오너 입장에서도 짧게는 6개월부터 길게는 2~3년의 의무보유기간 이후의 주가가 더 중요하다.

필자가 100여 개 이상의 IPO를 자문하면서 느꼈던 부분을 정리한 내용들인데, IPO를 준비하고 있는 오너이자 CEO분들께 조금이나마 도움이 되었으면 한다.

I.3

IPO 요건

국내 증권시장은 크게 유가증권시장(또는 "KOSPI"), 코스닥시장(또는 "KOSDAQ") 및 코넥스시장(또는 "KONEX")으로 구분되는데, 아래에서는 유가증권시장 및 코스닥시장을 중심으로 설명하고자 한다.

1. 개관

증권시장의 진입기준인 IPO 요건은 개별 국가의 자본시장 규제 및 발전 정책, 개별 산업 육성정책, 국가간 또는 역내 증권시장간 상장유치 경쟁 상황, 문화적 차이 등을 반영하여 그 규제 수준을 달리해 왔다.

국내의 경우 IPO 요건은 국내 산업의 발전 및 고도화를 지원하기 위해 지속적으로 상장문턱을 낮추고 상장트랙을 다양화하는 방식으로 상장을 활성화함으로써 자본시장을 통한 기업의 직접 자금 조달을 정책적으로 지원해 오고 있으며, 투자자 보호를 위해 필요할 경우에 한해 IPO 요건을 개별적으로 강화하곤 하였다.

IPO란 비상장기업에게 증권시장을 통한 주식의 시장성을 부여하는 과정임에 따라, IPO 요건은 우량한 비상장기업을 추출할 수 있어야 하고, 자유로운 주식거래를 위해 비상장주식에 충분한 유동성이 부여될 수 있어야 하며, 불특정 다수의 소액주주를 보호하기 위해 투명한 내부통제절차를 마련하고 주요 의사 결정 사항을 투자자에게 직접 알릴 수 있는 공시 통제체계를 갖출 것을 근본적인 속성으로 요구하게 된다.

IPO 요건은 크게 형식적 심사요건과 질적 심사요건으로 구분되는데, 형식적 심사요건은 경영성과, 주식분산, 감사의견 등과 관련한 일정요건의 충족을 요구하는 정량적 요건으로서 궁극적으로 상장예비심사를 신청할 수 있는 자격요건에 해당되며, 질적 심사요건은 기업계속성, 경영투명성, 경영 안정성, 투자자 보호 등과 관련한 정성적 요건으로서 거래소의 심사를 통해 그 상장적격성 여부가 판단되어 짐에 따라 실질적인 IPO 승인요건의 역할을 하게 된다.

[국내 IPO 요건]

구분	IPO 요건	비고
형식적 요건	영업활동기간, 기업규모, 경영성과, 주식분산, 감사의견, 지배구조, 양도제한 등	정량적 요건 상장예비심사 자격 요건
질적 요건	기업계속성(영업지속성, 재무안정성 등), 경영투명성, 경영 안정성, 공익실현 및 투자자 보호 등	정성적 요건 실질적인 IPO 승인요건

아래에서는 국내 증권시장인 유가증권시장 및 코스닥시장의 IPO 요건에 대해 설명하고자 한다.

2. 시장별 특징 및 차이

대형 우량기업 중심의 코스피시장과 기술 및 혁신 중소기업 중심의 코스닥시장의 시장정체성 차이에도 불구하고 IPO 심사항목은 양 시장이 상당히 유사하다. 다만, 형식적 심사요건 중 개별 심사항목의 세부 적용기준에서 규모차이가 있고, 경영성과 요건 관련 상장트랙의 종류에서 차별적인 차이가 존재할 뿐이다.

IPO 요건의 전반적인 유사성에도 불구하고 적용기준의 규모 및 상장트랙 차이는 실질적으로 양 시장의 정체성을 구분 짓는 중요한 역할을 하고 있다.

유가증권시장은 우리나라의 메인보드 시장으로서 산업구조상 성숙단계에 진입한 중견 대규모 기업을 주된 대상으로 한 직접자금 조달 지원에, 코스닥시장은 주로 산업구조의 기초 인프라인 소재 부품 장비 기업, 초기 성장기반이 필요한 바이오기업, 기술 및 혁신 중심 중소기업의 성장 지원에 정책적 초점을 맞춤에 따라 양 시장간 규모 및 상장트랙이 달라지게 된 것이다.

즉, 시장정체성에 대한 정책차이가 신규상장기업의 허용범위를 어떻게 정하는지를 결정하게 되고, 이를 실행하는 수단으로서 IPO 요건을 설정하게 되는 것이다. IPO 요건은 이러한 정책변화에 따라 필요시 상장규정을 개정해 왔는데, 최근 10여년간의 IPO 요건 개정의 특징은 상장활성화를 위한 IPO 요건 완화 및 신성장산업·혁신산업 성장지원을 위한 상장트랙 다양화에 초점이 맞추어져 왔다.

구체적으로 양 시장의 상장규정 개정경과를 살펴보면, 유가증권시장의 경우, 2010년대 초까지 자본시장 건전성 제고 및 투자자 보호를 목적으로 '09년 상장폐지 실질심사 도입, '11년 우회상장 실질심사 도입, '13년 코스닥시장과의 시장정체성 차별화를 위한 매출액 등 경영성과요건 강화 등 상장관리 및 IPO 요건을 강화하였다.

그러나 같은 시기 진행된 IPO 시장 침체에 대응할 필요성이 대두됨에 따라 '13년부터 우량 대기업·중견기업의 상장활성화를 위해 상장요건을 완화 및 합리화하기 시작하였고, 이후 상장활성화를 위한 상장요건 완화 기조는 현재까지도 계속 진행되고 있다. 특히, '15년 시행된 시가총액 중심의 상장트랙 다양화는 성장가능성이 높은 적자기업에게 상장문호를 확대하고 메인보드로서의 글로벌 경쟁력을 제고하는 계기가 된 것으로 평가된다.

[유가증권시장 주요 상장규정 개정 경과]

구분	주요 내용
2013년	• KOSDAQ과 차별화를 위해 진입재무요건 상향(매출 300 → 1,000억 원 등) • 최대주주 변경제한을 질적심사로 전환
2014년	• 우량기업에 대한 FAST TRACK 도입 • 주신분산요건 완화(1,000명 → 700명) 및 의무공모 면제

2015년	• 시가총액 중심으로 상장트랙 다양화
2016년	• 국내 지주회사 방식의 외국기업 상장활성화 • 비개발위탁관리 리츠(REITs)의 진입요건 완화
2018년	• 비개발위탁관리 리츠(REITs)에 대한 상장예비심사 폐지 등
2019년	• 주식분산요건 완화 • 외국기업에 대한 회계투명성 및 투자자 보호 강화 • 전자등록법 시행에 따른 규정 정비
2021년	• 시가총액 단독 상장요건(1조 원) 신설 및 시가총액 및 자기자본 기준 완화 • 스팩(SPAC) 소멸방식의 합병상장 허용
2022년	• 의무보유제도 합리화(주식매수선택권 행사주식 포함, 연장근거 명시 등) • 퇴출제도 합리화(재무관련 상장폐지사유의 실질심사 전환, 이의신청기회 확대)

코스닥시장의 경우, 최근 10여년 동안의 IPO 요건 개선의 상당 부분은 기술특례상장 활성화에 초점을 맞추어 왔다. 2005년 처음 기술특례상장 제도가 도입된 이후 수년간 상장효과가 미흡했으나, 2010년대 들어 적용 대상업종 확대('13년), 성장성 추천 도입('16년), 소재 부품 장비 특례(일명 '소부장 특례') 도입('19년) 등 문호를 확대하면서 '18년부터 본격적으로 상장이 증가하게 되었다. 또한, 이익미실현기업 진입요건(일명 '테슬라요건') 신설('16년), 스팩(SPAC) 활성화('21년)도 코스닥시장 활성화에 중요한 기반이 되었다.

이와 같이 코스닥시장은 기술특례상장, 테슬라요건, 소부장 특례 등 상장트랙을 다양화함으로써 당장의 영업실적은 미미하지만 기술력과 성장성을 갖춘 초기 중소기업들의 상장을 적극 지원하고 있으며, 궁극적으로 기술 및 혁신 중심 산업의 기초 생태계 구축에 크게 기여하고 있다.

[코스닥시장 주요 상장규정 개정 경과]

구분	주요 내용
2013년	• 기술평가 특례대상 전 업종 확대
2015년	• 전문평가제도 전면 개편 및 특례대상 확대(벤처기업 → 일반중소기업)
2016년	• 상장주선인의 성장성 추천 도입, 사업모델 평가 신설 • 이익미실현기업 상장요건('테슬라요건') 신설 • 기술성장기업 상장유지부담 완화(매출액 미달 관련 관리종목 지정 유예기간 연장(3년 → 5년), 장기 영업손실 퇴출요건 실질심사 전환) • 우량 대형법인 FAST TRACK 도입
2018년	• 코스닥시장위원회 독립성 제고 및 권한 강화 • 업력/자본잠식/계속사업이익 상장요건 폐지 • 시가총액(1,000억 원)/자기자본(250억 원) 단독 상장요건 등 신설
2019년	• 기술특례상장 대상 확대(혁신 중견기업, 외국기업) • 소재 부품 장비기업 기술특례상장 촉진(단수 기술평가 허용) • 전문평가기관 Pool 확대 등 기술평가 품질 고도화 • 전자등록법 시행에 따른 규정 정비
2020년	• 기술평가 항목 정비, 평가내용 구체화 등 기술평가 신뢰성 제고
2021년	• 스팩(SPAC) 소멸방식 합병상장 허용
2022년	• 퇴출제도 합리화(재무관련 상장폐지사유의 실질심사 전환, 이의신청기회 확대)
2023년	• 기술특례상장 유형 체계화(혁신기술트랙, 사업모델트랙) 및 주관사 책임 강화 • 딥테크기업 단수 기술평가 허용 등

한편, 유가증권시장 및 코스닥시장의 상장대상 상품에도 차이가 있는데, 유가증권시장은 주식, 스팩, 채권, 펀드, 리츠, 선박투자회사 등으로 상장상품이 다양하나, 코스닥시장은 주식 및 스팩으로 상장상품이 제한적이다.

3. IPO 요건

유가증권시장 및 코스닥시장의 IPO 요건은 크게 형식적 심사요건과 질적 심사요건으로 구분된다.

형식적 심사요건은 상장예비심사를 신청할 수 있는 정량적인 외형요건으로서 미비시에는 상장예비심사 신청 자체가 불가능하므로 상장예비심사 신청을 위한 최소한의 자격 요건으로서의 역할을 하게 된다.

유가증권시장의 형식적 심사요건으로는 영업활동기간(설립 후 3년), 기업규모(자기자본 300억 원 이상, 상장주식수 100만 주 이상) 주식분산기준, 경영성과(이익요건, 시가총액요건 등), 감사의견(적정), 주식양도제한, 지배구조(사외이사, 감사위원회 구성)요건으로 구성되어 있다.

코스닥시장도 거의 유사하게 주식분산기준, 경영성과[이익요건, 이익미실현요건('테슬라요건'), 기술성장특례(혁신기술기업, 사업모델기업)], 감사의견(적정), 주식양도제한, 지배구조(사외이사, 상근감사 구성), 액면가액 요건으로 구성되어 있다.

양시장의 형식적 요건의 차이는 주로 영업활동기간 및 기업규모 요건의 존부 및 경영성과요건의 다양성에 있다.

영업활동기간 및 기업규모 요건의 경우, 코스닥시장은 '18년 이전까지 존재했으나 '18년 초 혁신기업 상장을 활성화할 목적으로 폐지하게 되었으며, 이를 통해 기술은 있으나 사업초기 사업성이 확보되지 않은 스타트업들이 상장을 통해 데스밸리를 넘을 수 있도록 상장기회를 부여하게 되었다.

경영성과요건의 경우, 유가증권시장 및 코스닥시장 모두 이익 및 시가총액요건을 상장 트랙으로 허용하고 있으며, 추가적으로 코스닥시장만 기술성장기업 특례상장 트랙을 허용하고 있다는 점에서 차이가 있다.

코스닥시장의 기술성장기업 특례상장은 기술평가가 의무화된 혁신기술 트랙과 상장주관사의 성장성 추천을 통한 사업모델 트랙으로 나누어지는데, 기술 및 혁신 중소기업의 상장을 지원할 목적으로 코스닥시장이 오랜 기간 동안 발전적으로 개선해 온 코스닥시장만의 독특한 상장 트랙으로서, 최근 몇 년 동안 기술성장기업에게는 주된 상장관문으로서 역할을 하고 있을 뿐만 아니라 코스닥시장에게는 상장활성화 및 시장의 정체성을 강화해 준 중요한 계기가 된 상장제도로 평가된다.

질적 심사요건은 형식적 심사요건을 충족하여 상장예비심사를 신청한 기업의 상장적격성 충족 여부를 한국거래소가 정성적으로 판단할 때 적용하는 요건으로서 실질적인 상장승인의 허들이 되고 있다.

유가증권시장은 질적 심사요건으로 기업의 계속성, 경영의 투명성, 경영의 안정성, 기타 공익실현과 투자자 보호 등을 중심으로 심사를 진행하며, 코스닥시장도 거의 동일한 항목에 대해 심도 있는 심사를 진행하고 있으며, 각 시장의 특성에 따라 심사방향 및 범위, 심사 주안점 등에서 실무적인 차이가 있을 뿐이다.

아래에서는 각 시장별, IPO 요건의 항목별 상장요건을 요약하여 간단히 표로 정리해 보았다(보다 자세한 내용은 [부록] 참조). 특히, 질적 심사요건의 경우 각 시장별 특성에 맞게 구체적인 심사기준을 별도로 정하고 있으므로 각 시장별 관련 상장규정 시행세칙을 참고하는 것이 좋겠다.

가. 유가증권시장

<table>
<tr><th colspan="3">구분</th><th>일반기업</th></tr>
<tr><td rowspan="6">형식요건</td><td colspan="2">영업활동</td><td>3년 이상</td></tr>
<tr><td colspan="2">기업규모</td><td></td></tr>
<tr><td></td><td>상장주식</td><td>100만 주 이상</td></tr>
<tr><td></td><td>자기자본</td><td>300억 원 이상</td></tr>
<tr><td colspan="2">주식분산</td><td>일반주주 500명 이상 & 일반주주 지분율 25% 이상 등</td></tr>
<tr><td colspan="2">경영성과
/시장평가</td><td>□ 아래 중 택1
<table><tr><th>구분</th><th>상장요건</th></tr><tr><td>(1)</td><td>아래 ①, ② 모두 충족
① (매출액) 최근 1,000억 원 & 3년 평균 700억 원 이상
② (수익성) 아래 중 택1</td></tr></table></td></tr>
</table>

<table>
<tr><td></td><td></td><td><table>
<tr><td></td><td><table>
<tr><th>구분</th><th>요건</th></tr>
<tr><td>세전이익</td><td>최근 30억 원 & 3년 합계 60억 원 이상</td></tr>
<tr><td>ROE</td><td>최근 5% & 3년 합계 10% 이상</td></tr>
<tr><td>세전이익/
ROE/
영업CF</td><td>자기자본 1,000억 원 이상
& 최근 세전이익 50억 원 이상 or ROE 3% 이상
& 최근 영업현금흐름이 양(+)</td></tr>
</table></td></tr>
<tr><td>(2)</td><td>최근 매출액 1,000억 원 & 기준시총 2,000억 원 이상</td></tr>
<tr><td>(3)</td><td>최근 세전이익 50억 원 & 기준시총 2,000억 원 이상</td></tr>
<tr><td>(4)</td><td>기준시총 5,000억 원 & 자기자본 1,500억 원 이상</td></tr>
<tr><td>(5)</td><td>기준시총 1조 원 이상</td></tr>
</table></td></tr>
<tr><td></td><td>감사의견</td><td>최근 적정의견 & 직전 2년 적정 또는 한정의견(범위 제한 제외)</td></tr>
<tr><td></td><td>양도제한</td><td>주식의 양도제한이 없을 것</td></tr>
<tr><td></td><td>지배구조</td><td>[지주회사] 상법상 사외이사 선임의무 및 감사위원회 설치의무 충족</td></tr>
<tr><td rowspan="5">질
적
심
사</td><td>기업계속성</td><td>영업상황, 재무상황, 경영환경 등에 비추어 기업계속성 인정</td></tr>
<tr><td>경영투명성</td><td>기업지배구조, 내부통제제도, 공시체제, 특수관계인과 거래 등에 비추어 경영투명성 인정</td></tr>
<tr><td>경영
안정성</td><td>지분 당사자 간의 관계, 지분구조의 변동 내용·기간 등에 비추어 경영 안정성 인정</td></tr>
<tr><td>법적 성격</td><td>상법상 주식회사로 인정</td></tr>
<tr><td>기타</td><td>공익 실현과 투자자 보호를 해치지 않는다고 인정</td></tr>
</table>

나. 코스닥시장

구분		일반기업	기술성장기업 상장특례	
			혁신기술기업	사업모델기업
형식요건	영업활동	-(18.4.4.삭제)		
	기업규모	-(18.4.4.삭제)	ㅇ 아래 중 어느 하나 충족 ① 자기자본 10억 원 이상 ② 기준시가총액 90억 원 이상	
	주식분산	소액주주 500명 이상 & 소액주주 지분율 25% 이상 등		
	경영성과/시장평가/기술평가	□ 경영성과기준(이익실현) : 아래 중 택1 ① 세전이익 50억 원 이상 ② 세전이익 20억 원* & 기준시총("시총") 90억 원 이상 ③ 세전이익 20억 원* & 자기자본 30억 원* 이상 ④ 세전이익有 & 시총 200억 원 & 매출 100억 원* 이상 *벤처기업은 기준금액의 50% 적용 □ 시장평가기준(이익미실현, "테슬라요건"): 아래 중 택1 ① 시총 1,000억 원 이상 ② 시총 500억 원 & PER 2배 이상 ③ 시총 500억 원 & 매출 30억 원 & 2년 평균 매출증가율 20% 이상 ④ 시총 300억 원 & 매출 100억 원(벤처: 50억 원)	□ 기술평가기준 -(원칙) 복수평가 : A & BBB 이상 -(예외) 단수평가 : A 이상 ① 소부장 전문기업 ② 시총 5천억 원 이상 ③ 코넥스 이전상장 ④ 딥테크기업(국가전략기술 보유) & 시총 1천억 원 & 최근 5년 VC투자 100억 원 이상 □ 상장주선인의 "혁신기술기업 시장성 의견서" 제출	□ 일정요건 충족 상장주선인의 추천 □ 상장주선인의 "사업모델기업 평가보고서" 제출

		이상 ⑤ 자기자본 250억 원 이상 ⑥ (코넥스이전상장) 시총 750억 원 & 일평균거래대금 1억 원 & 소액주주지분율 20% 이상		
	감사의견	최근 사업연도 적정의견. 분·반기 지정감사받는 경우 분·반기도 적정 의견		
	양도제한	주식의 양도 제한이 없을 것		
	액면가액	100원, 200원, 500원, 1,000원, 2,500원, 5,000원		
	지배구조	상법상 사외이사 및 상근감사 선임의무 충족		
실적심사	기업계속성	영업상황, 재무상황, 기술력, 성장성, 기타 경영환경 등에 비추어 기업계속성이 인정	영업상황, 기술성·사업성*, 성장성, 기타 경영환경 등에 비추어 기업계속성이 인정 → 평가등급이 AA 이상 시 기술성·사업성 질적심사항목 미적용 * (혁신기술기업) 기술성 및 시장성 중심 평가 * (사업모델기업) 사업성 및 자원인프라 (경영역량/개발역량) 중심 평가	
	경영투명성 및 안정성	기업지배구조, 내부통제제도, 공시체제, 이해관계자거래, 상장 전 주식거래 등에 비추어 경영투명성 및 경영 안정성이 인정		
			수익실현시점까지 경영 안정성 유지 여부	
	기타	공익 실현과 투자자 보호를 해치지 않는다고 인정		

I.4

IPO 절차

1. 개관

증권시장에 발행주식을 상장하고자 하는 기업은 대표주관사를 선정하고 지정감사인에 의한 재무제표 감사를 거친 후 한국거래소의 상장적격성 심사 및 금융감독원의 공모 심사를 거쳐야만 비로소 상장할 수 있게 된다. 통상 상장예비심사신청 이후 상장까지 약 4~5개월 이상 소요된다.

[주요 상장절차]

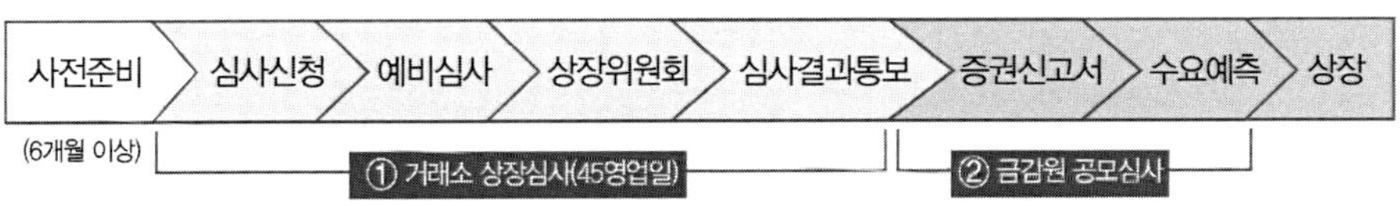

상장준비의 시작은 상장과정 전체를 가이드 해줄 대표주관사를 선정하는 일부터 시작된다. 대표주관사는 전체 상장과정에서 상장문지기(gate keeper)로서의 역할을 수행하게 되고, 문제 발생시 법령상 책임을 전적으로 부담하게 된다. 상장의 성공 여부에 핵심역할을 담당하는 것이다.

지정감사인에 의한 재무제표 감사는 증권선물위원회가 독립된 회계법인을 외부감사인으로 지정하고 해당 지정감사인이 상장신청인의 재무제표를 감사하게 함으로써 상장신청법인의 회계투명성을 제고하는 역할을 하게 된다.

한국거래소의 상장심사는 IPO 공모전 진행하는 예비심사와 공모 후 진행하는 본심사로 구분되는 데, 예비심사는 형식적 심사요건 및 질적 심사요건 충족 여부를 판단하는 상장자격 여부에 대한 실질적인 심사로서 심사에 많은 시간과 자원이 소요되며, 본심사인 신규상장심사는 공모 이후 공모 결과를 반영하여 예비심사시 확인하지 못한 주식분산요건, 시가총액요건 등의 충족 여부 및 예비심사 이후 본심사 전까지 중요 변동사항을 확인하여 상장자격이 계속 유지되는지를 최종 확인하는 절차이다. 거래소는 공모 투자자에게 신속한 환금성을 부여하기 위해 공모자금 납입일까지 본심사 신청을 받은 후 가장 빠른 시간내에 심사를 완료하고 신속한 상장을 진행하고 있다.

금융감독원의 공모 심사는 기업에 대한 정보 및 투자위험이 투명하고 거짓 없이 증권신고서 및 투자설명서에 기재되어 투자자들에게 공시되는지를 심사하는 절차로서 공모 투자자 보호에 심사 목적이 맞추어져 있다.

결론적으로 상장을 위해서는 한국거래소와 금융감독원의 높은 심사 문턱을 모두 통과해야 하는데, 궁극적으로 한국거래소의 상장심사는 기업의 상작적격성 심사에, 공모 심사는 불특정 다수의 공모 투자자 보호에 심사 주안점이 맞추어져 있다. 이 모든 과정이 대표주관사의 가이드를 통해 모두 이행되어야 비로소 한국거래소가 개설한 증권시장에서 거래될 수 있는 자격을 얻게 되는 것이다.

2. IPO 절차

[상장절차 및 주요 내용]

절차	기간	주요 내용
사전 상장준비	D-[6월~1년]	• 대표주관사 선정

		• 기업실사(due-diligence) • 지정감사인 신청 • 명의개서 대행기관 선정 • 우리사주조합 결성 • 정관 및 사규 정비, 내부통제시스템 정비 등 • 이사회 등 지배구조 정비, 법률검토 등 • 예비심사신청서 작성, 거래소 사전협의
⬇		
상장예비심사	D* day +[2.5~4월]	• 상장예비심사 신청 • 상장적격성 심사, 현지심사 및 경영진 면담 • 상장위원회 심의, 심사결과 통보 * 심사신청 후 45영업일(연장가능) 이내 심사결과 통보 • 회계감리(증권선물위원회, 한국공인회계사회)
⬇		
공모절차	D+[4~5월]	• 증권신고서 제출 및 공모심사 * 신고서 수리 후 15영업일 경과시 효력발생 • (예비)투자설명서 제출 및 투자설명회(IR) 개최 • 기관투자자 수요예측(Book-Building) 실시 및 공모가 결정 • 청약, 배정 및 납입
⬇		
신규상장신청	D+[5~6월]	• 신규상장신청서 제출(공모자금 납입일까지) • 상장승인 • 상장식 개최 및 매매개시

* D day: 상장예비심사 신청일

가. 사전 상장준비

1) 대표주관사 선정

상장준비의 첫 단계는 통상 대표주관사의 선정부터 시작된다. 현행 법규상 상장심사 및 공모 심사가 주관사 책임하에 진행되는 절차이기 때문이기도 하지만, 기업정보가 알려지지 않은 비상장기업에게 공개시장에서 최초로 거래할 수 있는 자격을 부여하기 위해서는 객관적이고 전문적인 중개자인 주관사의 검증 및 가이드가 필수적이고 중요하기 때문이다. 또한, 주관사의 검증을 통해 불특정 다수의 공모 투자자를 보호할 수도 있게 된다. 만약, 주관사가 막중한 역할과 책임에 부응하지 못하게 되면 상응하는 법적책임을 지게 될 뿐만 아니라 대외 명성 및 신뢰도가 크게 추락하게 되므로 매우 전문적이고 책임감 있게 상장을 주선하게 된다.

대표주관사는 수의계약 방식으로 선임하기도 하지만, 경쟁 제한 방식에 따라 일부 증권회사(IB)들의 제안요청서(Request for Proposal, RFP)를 제출받아 설명회를 거쳐 선정하기도 한다. 주관계약은 인수 업무규정에 따라 상장예비심사 신청 2개월 전에 체결하면 되므로, 어느 정도 상장준비가 이루어진 후 상장계획이 구체화될 때 체결하는 것이 일반적이다.

이렇게 선정된 주관사는 기업실사(due－diligence), 회계, 자금 등 내부통제시스템 정비, 지배구조 정비, 상장요건 충족 확인, 상장서류 및 공모서류 작성 지원, 산업 및 기업분석, 공모가 협의, 기업설명회(IR) 개최, 수요예측, 공모절차 주관, 상장신청 등 IPO의 모든 과정에 관여하여 상장을 준비한다.

또한, 주관사는 거래소에 제출하는 상장신청서 기재내용의 진실성을 확인하고, 금융감독원에 제출하는 증권신고서 및 투자설명서의 기재 내용에 대해 책임을 지는 방식으로 상장심사 및 공모 심사의 기초가 되는 심사서류에 대한 신뢰성을 제고하는 등 대표주관사의 역할은 절대적이다.

2) 지정감사인 신청

IPO(initial public offering)는 기업정보가 공개되지 않은 비상장기업이 불특정 다수의 투자자를 유치하여 공개기업으로 전환하는 과정으로서, 투자 판단의 기초가 되는 감사보고서 등 회계정보에 대한 객관성 및 투명성 확보는 투자자 보호 관점에서 특히 중요하게 다루어져야 한다. 외부감사법이 상장을 예정하고 있는 기업의 경우 증권선물위원회가 지정한 지정감사인에 의한 감사보고서 제출을 의무화하고 있는 이유이다.

외부감사법령상 다음 연도 상장신청을 예정하고 있는 기업의 경우, 당해 연도 9월까지는 증권선물위원회에 당해 연도 지정감사인 신청을 해야 한다. 만약, 9월까지

신청하지 못한 경우라면 예외적으로 다음 연도 분 반기 지정감사를 거쳐 상장예비심사 신청을 할 수도 있다.

3) 기업실사(due-diligence)

대표주관사는 비상장법인의 영업현황, 재무실적, 회계 및 자금시스템, 지배구조, 내부통제시스템, 정관 및 사규, 소송, 법령 위반 사실 등 기업 전반에 걸친 기업실사(due diligence)를 통해 기업 현황을 자세히 파악하게 된다. 기업실사를 통해 상장적격성 충족 여부를 파악하게 되며, 적출된 상장적격성 이슈에 대해서는 문제를 해결하거나 재발 방지책 등 대응 방안을 마련하고, 공개기업으로서 필요한 공시 체계를 새롭게 수립하는 등 상장적격성을 충족하도록 비상장법인을 정비하게 된다. 이 과정에서 필요한 경우 외부 전문가인 회계법인이나 법무법인의 조력을 받기도 한다.

4) 정관정비

비상장법인과 달리 상장법인은 전환사채, 우선주 등 다양한 방법으로 주주 또는 제3자로부터 직접 자금 조달이 용이한 장점이 있고 임직원들에게 주식매수선택권을 부여해 상장혜택을 공유할 수도 있으며, 자유로운 주식거래를 보장하고 전자증권을 발행해야 하며, 명의개서대리인도 정해야 하고, 필요시 이사회내 위원회 설치 등 지배구조를 투명하게 갖추어야 한다. 이와 같은 상장의 장점을 향유하기 위해서 또는 상장을 위해서 필요한 조치들 중에는 법령에 따라 필수적으로 정관에 정해야 하는 사항들이 존재하므로 공개기업에 적합하도록 정관을 정비하는 것이 반드시 필요하다.

상장법인들을 회원으로 하여 조직된 단체인 한국상장회사협의회 또는 코스닥협회에서는 각각의 시장에 적합한 표준정관을 구비하고 있으므로 이를 활용하여 개별 기업의 특성에 맞게 정관을 정비하게 된다.

5) 내부통제시스템 정비

상장기업은 이사회운영규정 등 내부통제와 관련된 규정이 최소한 상장회사 표준규정 수준으로 정비되어 있어야 하고, 투명한 회계정보 산출을 위한 인력 및 시스템이 갖추어져 있어야 하며, 상장기업으로서 적정한 공시가 가능한 인력 및 공시통제시스템을 구비하고 있어야 한다.

특히, 최대주주, 임원 및 관계회사 등과의 이해관계자 거래는 최소한 관련 법령상

규정 및 절차를 준수하여야 하며 더 나아가 그 거래의 필요성 및 거래조건의 타당성도 인정되어야 한다.

내부통제 미흡 사례는 대표적인 상장예비심사 미승인 사유의 하나에 해당하므로, 기업실사를 통해 드러난 내부통제 이슈에 대해서는, 현재 존재하는 리스크를 파악해 최대한 해소하여야 하며, 해소가 어렵다면 관련 리스크가 전이되지 않도록 법적조치 등을 통해 절연해야 한다.

또한, 향후 유사사례가 재발하지 않도록 내부통제 개선 등 재발방지책도 마련하고 충분한 검증기간(watching period)을 거친 후 상장을 신청해야 한다. 코스닥시장은 중대한 내부통제 흠결의 개선 사항에 대해서는 예비심사신청일 이전 6개월 이상, 중요성이 낮은 경우는 최소 3개월 이상 해당 내부통제제도가 제대로 운영되는지 검증기간을 요구하고 있다.

6) 지배구조 정비

공개법인인 상장기업의 경우 주요 의사결정은 최대주주 등 특정 주주로부터 독립적으로 이루어질 수 있도록 이사회를 구성해야 하며, 이사는 경업금지 및 자기거래금지 등 관련 법령을 준수하여야 하고, 사외이사 및 감사는 법령상 자격 요건을 충족하는 등 독립성이 인정되어야 한다.

특히, 내부통제가 취약하거나 이해관계자 거래가 많은 경우 사외이사 및 감사의 견제 기능을 강화할 수 있도록 사외이사 중심으로 내부통제위원회를 구성하거나, 감사위원회를 설치하는 등 지배구조를 강화할 필요가 있으며 일정 기간 검증기간도 필요하다.

나. 상장예비심사

상장예비심사는 거래소가 IPO요건(형식적 심사요건 및 질적 심사요건)의 충족 여부를 심사하여 상장적격성을 판단하는 실무적인 절차이다.

국내 일반기업의 경우 예비심사 신청 후 원칙상 45영업일 이내에 심사결과를 통지해야 하며, 예외적으로 재무실적이 일정 수준 이상인 우량기업*의 경우에는 '기업계속성' 심사를 면제하고 심사기간도 유가증권시장은 20영업일, 코스닥시장은 30영업일로 단축하여 심사결과를 통지해야 한다(일명 "Fast Track"). 물론, 필요한 경우 거래소는 심사기간을 연장할 수 있다.

Fast Track 적용 우량기업 요건

- (유가증권시장) 자기자본 4,000억 원 이상 & 매출액이 최근 사업연도 7,000억 원 이상이고 최근 3사업연도 평균 5,000억 원 이상 & 법인세비용차감전계속사업이익이 최근 사업연도 300억 원 이상이고 최근 3사업연도 합계가 600억 원 이상인 기업
- (코스닥시장) 국내기업(국내소재외국지주회사 제외) & 최근 사업연도 매출액 1,000억 원 이상 & 최근 사업연도 법인세비용차감전계속사업이익 200억 원 이상인 기업

상장예비심사 결과는 거래소 상장부의 심사 결과에 대해 회계·법률·학계·업계 전문가로 구성된 상장위원회의 심의(코스닥시장의 경우 미승인시 시장위원회 심의 필요)를 거쳐 최종 확정된다.

다만, 예비심사 결과를 통지한 이후 경영상 중대한 사실이 생기거나, 예비심사신청서에 중요한 사항이 누락 또는 거짓으로 기재된 경우, 예비심사 결과 통지 이후 6개월 이내에 신규상장신청서를 제출하지 않는 경우 등의 사유가 발생하는 경우 거래소는 예비심사 결과의 효력을 인정하지 않을 수 있다.

한편, 유가증권시장 및 코스닥시장은 예비심사 중인 기업이 분식회계로 증권선물위원회로부터 검찰고발, 검찰통보, 증권발행제한 또는 과징금 부과 조치를 받은 경우, 상장예비심사 신청을 기각할 수 있으며, 예비심사 결과 통지 이후인 경우에는 심사결과의 효력을 인정하지 않을 수 있다. 따라서, 예비심사 중 진행되는 증권선물위원회 또는 한국공인회계사회의 예비심사기업에 대한 회계감리 결과가 중요하게 되는데, 실무적으로는 거래소는 동 감리결과를 확인 후 예비심사 결과를 확정하고 있다.

다. 공모 심사

상장예비심사 승인 후 상장신청법인은 공모자금 조달을 위해 불특정 다수 투자자에게 주식청약을 권유하는 절차를 거치게 되는데, 해당 청약의 권유 이전에 반드시 금융감독원에 증권신고서를 제출하여 공모 심사를 통과해야 한다.

증권신고서는 공모에 대한 사항, 투자 위험요소, 발행기업에 관한 정보를 담고 있어 공모 투자자의 투자 판단에 필요한 정보를 제공하고 투자 위험을 환기시키는 역

할을 하게 된다. 금융감독원은 증권신고서에 형식상 불비가 있거나 중요사항의 기재 내용이 불충분할 경우 정정명령을 통해 보완을 요청하게 된다.

증권신고서는 금융감독원에 수리된 후 15영업일 경과 시 효력이 발생하며(정정 명령시에는 정정신고서 수리 후 15영업일 경과 시), 효력발생 이후 대표주관사 가이드를 통해 청약권유문서인 투자설명서 제출, 기업설명회 개최, 기관투자자 수요예측(book-building) 및 공모 가격 확정, 기관투자자·일반투자자·우리사주조합 청약 및 배정, 공모자금 납입 순으로 공모 절차가 기계적으로 진행된다. 따라서 공모과정의 핵심은 결국 금융감독원의 증권신고서 수리 여부가 된다.

라. 신규상장신청

공모 자금이 납입되면 납입일까지 거래소에 신규상장신청서를 제출해야 한다. 거래소는 신규상장신청서를 통해 예비심사시 확인하지 못한 주식분산요건, 시가총액요건 등의 충족 여부, 공모자금 납입 여부, 의무보유 대상주식에 대한 의무보유 조치 여부(예탁결제원 발행 의무보유증명서) 및 예비심사 이후 본심사 전까지 발생한 중요 변동사항을 확인하여 상장자격이 계속 유지되는지를 최종 확인한 후 지체없이 신규상장 승인을 하게 되며, 승인 후 2영업일이 되는 날 최초 매매가 개시된다.

Ⅱ

실무상 주요 쟁점

Ⅱ.1

경영 투명성과 내부통제 훼손

1. 내부통제제도의 정의 및 목적

내부통제의 정의는 매우 광범위하지만 일반적으로 기업 경영의 유효성과 효율성, 재무정보의 신뢰성 확보, 관련 법규의 준수라는 목적을 달성 및 보증하기 위하여 경영자, 이사회 등 모든 구성원에 의하여 작동되는 절차(process)로 정의할 수 있다.[1] 내부통제는 각종 내부통제 기관, 기준 및 규범에 의해 보다 구체적으로 구현되는데 특히, 상장예정법인의 효과적인 내부통제는 기업의 안정성과 신뢰도를 높일 뿐 아니라 투자자와 시장의 신뢰를 유지하는 데에도 기여한다. 따라서 거래소는 상장규정 및 가이드라인을 통하여 기업이 상장 후 지속적으로 투명하고 안정된 경영을 유지하기 위한 내부통제기준을 마련할 것을 요구하고 있으며, 내부통제가 훼손된 경우에는 재발 방지와 실효적인 대응을 강조하고 있다. 이하에서는 내부회계규정 및 회계시스템 등 재무정보의 신뢰성 확보와 관련된 항목을 제외한 나머지 영역의 내부통제 이슈에 대하여 다루도록 한다.

1) 한국상장사협의회, "내부통제의 통합체계", 『상장』(2002. 1.), 38면.

2. 거래소 상장심사 관련 내부통제 요구사항

거래소는 상장예정법인에 대한 질적심사 과정에서 상장신청인의 기업지배구조, 내부통제제도, 공시체제, 특수관계인과의 거래 등에 비추어 경영투명성이 인정될 것을 중요한 심사 요소로 삼고 있다(유가증권시장 상장규정 제30조, 코스닥시장 상장규정 제29조). 특히, 내부통제제도 및 이해관계자거래와 관련하여 거래소는 ① 이사회운영규정 등 내부통제제도의 구축 및 운영 수준, ② 회계감사 및 세무조사 결과 등을 통해 확인된 중대한 오류 및 특이사항 여부, ③ 상장신청인이 지주회사인 경우 임원선임, 경영성과 보고체계, 경영계약 체결 등 자회사 관리 시스템 구축·운영의 적정성, ④ 신뢰성 있는 회계정보를 산출하기 위한 인력, 회계규정 등 내부통제절차 및 회계시스템 구축·운영 여부, ⑤ 이해관계자와의 거래 배경, 조건, 절차 등의 관련 법령 준수 여부, ⑥ 제3자와의 거래와 비교한 이해관계자 거래 조건의 타당성[2]을 중점적으로 심사하고 있다(유가증권시장 상장규정 시행세칙 [별표2의2], 코스닥시장 상장규정 시행세칙 제27조 [별표6] 질적심사기준 참조).

따라서 상장신청인은 사전에 회사의 내부통제제도를 점검하여 적정한 내부통제제도를 구축하는 한편, 이와 같이 구축한 내부통제제도를 일정 기간 동안 실효적으로 운영하여야 한다. 만약, 회사에 중대한 내부통제 이슈가 발견되어 내부통제제도를 개선, 정비한 경우에는 상당한 기간(3개월~6개월)의 검증기간(watching period) 동안 실질적으로 내부통제제도를 운영할 것이 요구된다. 이하에서는 먼저 회사의 대표적인 내부통제 기관인 이사 및 이사회, 감사(감사위원회), 사외이사, 내부거래위원회에 대하여 살펴보고, 내부통제 규범에 해당하는 이사회 운영규정, 이해관계자와의 거래

---

2) 유가증권시장 상장규정 시행세칙 [별표 2의2] 질적심사기준 4) 특수관계인과의 거래

가) 거래의 적정성

특수관계인(최대주주를 포함한다. 이하 이 목에서 같다)과의 거래가 있는 상장신청인의 경우 특수관계가 없는 독립된 거래 당사자간의 유사거래의 조건 등을 기준으로 그 거래의 타당성 및 거래조건의 적정성 등이 인정될 것. 다만, 독립된 거래 당사자간의 유사거래가 없는 경우 해당 제품 또는 서비스의 원가 등을 기준으로 판단한다.

나) 공시의 적정성

특수관계인의 주요 거래내역이 예비심사신청서 및 감사보고서에 충실하게 기재되어 있을 것

에 관한 규정의 내용에 대해 살펴본 다음 내부통제 훼손 및 대응사례를 중심으로 살펴보기로 한다.

3. 내부통제제도의 구성

가. 내부통제 기관

1) 이사 및 이사회

자본금 총액이 10억 원 이상인 주식회사의 이사는 3명 이상이어야 하고, 이사의 임기는 3년을 초과하지 못한다(상법 제383조 제1항, 제2항). 그리고 최근 사업연도말 현재 자산총액이 2조 원 이상인 상장회사는 이사회의 이사 전원을 특정 성(性)의 이사로만 구성할 수 없다(자본시장법 제165조의20). 거래소는 특히 상장예비심사 시 경영의 독립성 관점에서 기업의 주요 의사결정이 최대주주등으로부터 독립적으로 이루어질 수 있도록 이사회가 구성되어 있는지를 심사하고 있다. 즉, 상장기업은 불특정 다수의 투자자가 주주로 참여하므로 경영의사결정은 모든 주주의 이익을 공평하게 극대화할 수 있도록 합리적이어야 한다. 따라서 이사회의 구성원이 상법에서 요구하고 있는 요건을 충족하고 있다 하더라도 이사회가 최대주주 또는 그의 특수관계인 중심으로 구성되어 있는 경우 이사회의 독립성을 유지하기 어렵다고 평가하고 있다. 그러므로 이사회 구성원 중 최대주주의 특수관계인이 있는 경우에는 사임하는 것이 바람직하며, 특수관계인이 반드시 이사회에 포함되어야 할 경우 합리적인 사정이 있는 경우 그러한 사유를 소명할 수 있도록 준비하고, 이사회가 내부거래위원회, 이사회운영규정 등을 통해 독립적으로 운영되도록 조치를 취할 필요가 있다.

한편, 이사가 타 회사의 임원을 겸직하고 있을 경우에는 상법상 경업금지(상법 제397조), 회사기회 및 자산의 유용금지(상법 제397조의2) 그리고 자기거래(상법 제398조)가 문제될 수 있다. 특히 해당 임원이 관계회사 또는 거래관계 있는 회사의 임원을 겸직하고 있는 경우 이해상충의 우려가 높다고 보는 것이 일반적이다. 따라서 거래소는 상장심사 신청 전 임원의 겸직을 해소할 것을 권장하고 있으며, 특히 임원이 경쟁관계 또는 대규모 거래가 존재하는 관계회사 임원을 겸직하는 경우에는 겸직을 해소하는 것이 바람직하다. 또한, 불가피하게 겸직하는 경우에는 임원 겸직에 관한 이사회의 사전 승인이 필요하고, 사전 승인을 받은 사실이 없는 경우에는 사후적으로 추인을 받아 둘 필요가 있다.

2) 감사 및 감사위원회

비상장회사와 최근 사업연도 말 자산총액이 1천억 원 미만인 회사는 감사 또는 감사위원회를 둘 수 있고, 감사위원회를 설치한 경우에는 감사를 둘 수 없다(상법 제415조의2 제1항). 감사위원회는 3명 이상의 이사로 구성하여야 하며, 사외이사가 위원의 3분의 2 이상이어야 한다(상법 제415조의2 제2항). 이 경우 감사위원의 선임 또는 해임은 이사회에서 결정한다(상법 제415조의2 제2항, 제3항). 최근 사업연도 말 자산총액이 1천억 원 이상인 상장회사의 경우 1인 이상의 상근감사를 두어야 하고, 상근감사 선임에 갈음하여 감사위원회를 설치할 수 있다(상법 제542조의10 제1항, 상법 시행령 제36조 제1항). 그리고 최근 사업연도 말 현재의 자산총액이 2조 원 이상인 상장회사는 감사위원회를 설치하여야 한다(상법 제542조의11 제1항, 상법 시행령 제37조 제1항). 자산총액이 1천억 원 이상 2조 원 미만인 상장회사가 임의로 감사위원회를 설치한 경우에는 상장회사의 특례규정 상 감사위원회에 관한 규정을 적용받는다(상법 제542조의10 제1항). 이 경우 특례에 따라 감사위원회의 대표는 사외이사 중에서 정하여야 하고, 감사위원회 위원 중 1명 이상은 회계 또는 재무 전문가이어야 한다(상법 제542조의11 제1항, 제2항, 상법 시행령 제37조 제1항). 특례에 따를 경우 감사위원회위원을 선임하거나 해임하는 권한은 주주총회에 있다(상법 제542조의12 제1항).

상법

제542조의11(감사위원회) ① 자산 규모 등을 고려하여 대통령령으로 정하는 상장회사는 감사위원회를 설치하여야 한다.

② 제1항의 상장회사의 감사위원회는 제415조의2제2항의 요건 및 다음 각 호의 요건을 모두 갖추어야 한다.

1. 위원 중 1명 이상은 대통령령으로 정하는 회계 또는 재무 전문가일 것

2. 감사위원회의 대표는 사외이사일 것
③ 제542조의10제2항 각 호의 어느 하나에 해당하는 자는 제1항의 상장회사의 사외이사가 아닌 감사위원회위원이 될 수 없고, 이에 해당하게 된 경우에는 그 직을 상실한다.
④ 상장회사는 감사위원회위원인 사외이사의 사임 · 사망 등의 사유로 인하여 사외이사의 수가 다음 각 호의 감사위원회의 구성요건에 미달하게 되면 그 사유가 발생한 후 처음으로 소집되는 주주총회에서 그 요건에 합치되도록 하여야 한다.
1. 제1항에 따라 감사위원회를 설치한 상장회사는 제2항 각 호 및 제415조의2제2항의 요건
2. 제415조의2제1항에 따라 감사위원회를 설치한 상장회사는 제415조의2제2항의 요건

제542조의12(감사위원회의 구성 등) ① 제542조의11제1항의 상장회사의 경우 제393조의2에도 불구하고 감사위원회위원을 선임하거나 해임하는 권한은 주주총회에 있다.
② 제542조의11제1항의 상장회사는 주주총회에서 이사를 선임한 후 선임된 이사 중에서 감사위원회위원을 선임하여야 한다. 다만, 감사위원회위원 중 1명(정관에서 2명 이상으로 정할 수 있으며, 정관으로 정한 경우에는 그에 따른 인원으로 한다)은 주주총회 결의로 다른 이사들과 분리하여 감사위원회위원이 되는 이사로 선임하여야 한다.
③ 제1항에 따른 감사위원회위원은 제434조에 따른 주주총회의 결의로 해임할 수 있다. 이 경우 제2항 단서에 따른 감사위원회위원은 이사와 감사위원회위원의 지위를 모두 상실한다.
④ 제1항에 따른 감사위원회위원을 선임 또는 해임할 때에는 상장회사의 의결권 없는 주식을 제외한 발행주식총수의 100분의 3(정관에서 더 낮은 주식 보유비율을 정할 수 있으며, 정관에서 더 낮은 주식 보유비율을 정한 경우에는 그 비율로 한다)을 초과하는 수의 주식을 가진 주주(최대주주인 경우에는 사외이사가 아닌 감사위원회위원을 선임 또는 해임할 때에 그의 특수관계인, 그 밖에 대통령령으로 정하는 자가 소유하는 주식을 합산한다)는 그 초과하는 주식에 관하여 의결권을 행사하지 못한다.
⑤ 상장회사가 주주총회의 목적사항으로 감사의 선임 또는 감사의 보수결정을 위한 의안을 상정하려는 경우에는 이사의 선임 또는 이사의 보수결정을 위한 의안과는 별도로 상정하여 의결하여야 한다.
⑥ 상장회사의 감사 또는 감사위원회는 제447조의4제1항에도 불구하고 이사에게 감사보고서를 주주총회일의 1주 전까지 제출할 수 있다.
⑦ 제4항은 상장회사가 감사를 선임하거나 해임할 때에 준용한다. 이 경우 주주가 최대주주인 경우에는 그의 특수관계인, 그 밖에 대통령령으로 정하는 자가 소유하는 주식을 합산한다.
⑧ 회사가 제368조의4제1항에 따라 전자적 방법으로 의결권을 행사할 수 있도록 한 경우에는 제368조제1항에도 불구하고 출석한 주주의 의결권의 과반수로써 제1항에 따른 감사위원회위원의 선임을 결의할 수 있다.

한편, 상장 준비기업의 최근 사업연도 말 자산총액이 1천억 원 미만인 경우라도 상장 이후 자산총액이 1천억 원 이상이 될 가능성이 높은 경우에는 사전에 상근감사를 선임하여 내부통제를 강화해 두는 것을 고려할 필요가 있다. 실무상으로는 상장을 준비하는 과정에서 상장회사 표준정관에 따라 1명 이상의 상근감사를 두도록 정관을 개정하고 상근감사를 선임해두는 것이 일반적이다. 이와 관련하여 형식적으로는 상근감사가 선임되어 있더라도 거래소 심사 과정에서 감사의 출근 일수, 보수 지급 유무에 따라 상근성이 문제될 수 있다. 즉, 상근성을 판단하는 기준이 확립되어 있지는 않으나 감사의 겸직 여부, 업무수행을 위한 공간, 정기적인 출퇴근 및 급여 수준 등이 감사의 상근성을 판단하는 일응의 기준이 될 수 있다. 특히, 경영진의 독립성에 의문이 있는 경우에는 상근감사의 형식적인 자격(결격사유)뿐만 아니라 감사의 상근성을 포함하여 실제 상근감사에 의해 적절히 내부통제가 이루어지고 있음을 소명할 수 있도록 준비할 필요가 있다.

감사는 감독기관으로서 임무수행의 독립성과 공정성을 확보하고, 대주주 및 경영진으로부터 중립을 유지할 필요가 있다. 이러한 취지에서 상법은 감사가 회사 및 자회사의 이사 또는 지배인 기타의 사용인의 직무를 겸하지 못하도록 정하고 있다(상법 제411조). 또한, 감사는 경영진의 직무집행을 감독 및 견제하는 기능을 독립적으로 수행하여야 하므로 일정한 자격을 충족할 것이 요구된다. 이에 상법은 주요주주 및 그의 배우자와 직계 존속 · 비속, 회사의 상무(常務)에 종사하는 이사 · 집행임원 및 피용자 또는 최근 2년 이내에 회사의 상무에 종사한 이사 · 집행임원 및 피용자, 회사의 경영에 영향을 미칠 수 있는 자로서 (i) 해당 회사의 상무에 종사하는 이사 · 집행임원의 배우자 및 직계존속 · 비속, (ii) 계열회사의 상무에 종사하는 이사 · 집행임원 및 피용자이거나 최근 2년 이내에 상무에 종사한 이사 · 집행임원 및 피용자는 상장회사의 상근감사가 되지 못하며, 이에 해당하게 되는 경우에는 결격사유에 해당되어 그 직을 상실하도록 정하고 있다(상법 제542조의10 제2항, 상법 시행령 제36조).

3) 사외이사

상장회사는 원칙적으로 상장 후 최초로 소집되는 정기주주총회 전까지[3] 이사 총

---

3) 지주회사의 경우 신규상장신청일 전까지(유가증권시장 상장규정 제29조 제1항 제8호).

수의 4분의 1 이상을 사외이사로 선임하여야 한다. 특히, 최근 사업연도 말 현재의 자산총액이 2조 원 이상인 상장회사의 사외이사는 3명 이상으로 하되, 이사 총수의 과반수가 되도록 하여야 한다(상법 제542조의8 제1항, 상법 시행령 제34조 제2항). 다만, 벤처기업법에 따른 벤처기업 중 최근 사업연도 말 현재의 자산총액이 1천억 원 미만으로서 코스닥시장 또는 코넥스시장에 상장된 주권을 발행한 벤처기업인 경우 사외이사의 선임의무가 면제된다(상법 제542조의8 제1항, 상법 시행령 제34조 제1항 제1호).

사외이사의 자격에 대하여는 상법 제382조 제3항 및 제542조의8 제2항에서 상세히 정하고 있으며, 사외이사에게 결격사유가 발생한 경우에는 당연히 그 직을 상실한다(상법 제382조 제3항 단서). 특히, 사외이사가 해당 상장회사 외의 2개 이상의 다른 회사의 이사 · 집행임원 · 감사로 재임 중일 경우 결격사유에 해당한다(상법 제542조의8 제2항 제7호, 상법 시행령 제34조 제5항 제3호). 즉, 상장기업의 사외이사는 다른 기업의 사외이사직을 1개사까지만 겸직할 수 있으므로 사외이사 선임 시 타기업 겸직 여부를 반드시 확인하여야 한다. 또한, 당해 상장회사의 사외이사 임기는 최대 6년이고, 계열회사에서 재직한 기간을 포함하여도 9년을 초과할 수 없음에 유의하여야 한다(상법 시행령 제34조 제5항 제7호).

상법 시행령

제34조(상장회사의 사외이사 등)

(생략)

⑤ 법 제542조의8제2항제7호에서 "대통령령으로 정하는 자"란 다음 각 호의 어느 하나에 해당하는 자를 말한다.

1. 해당 상장회사의 계열회사의 상무에 종사하는 이사 · 집행임원 · 감사 및 피용자이거나 최근 3년 이내에 계열회사의 상무에 종사하는 이사 · 집행임원 · 감사 및 피용자였던 자
2. 다음 각 목의 법인 등의 이사 · 집행임원 · 감사 및 피용자[사목에 따른 법무법인, 법무법인(유한), 법무조합, 변호사 2명 이상이 사건의 수임 · 처리나 그 밖의 변호사 업무수행 시 통일된 형태를 갖추고 수익을 분배하거나 비용을 분담하는 형태로 운영되는 법률사무소, 합작법무법인, 외국법자문법률사무소의 경우에는 해당 법무법인 등에 소속된 변호사, 외국법자문사를 말한다]이거나 최근 2년 이내에 이사 · 집행임원 · 감사 및 피용자였던 자

가. 최근 3개 사업연도 중 해당 상장회사와의 거래실적의 합계액이 자산총액(해당 상장회사의 최근 사업연도 말 현재의 대차대조표상의 자산총액을 말한다) 또는 매출총액(해당 상장회사의 최근 사업연도 말 현재의 손익계산서상의 매출총액을 말한다. 이하 이 조에서 같다)의 100

분의 10 이상인 법인

나. 최근 사업연도 중에 해당 상장회사와 매출총액의 100분의 10 이상의 금액에 상당하는 단일의 거래계약을 체결한 법인

다. 최근 사업연도 중에 해당 상장회사가 금전, 유가증권, 그 밖의 증권 또는 증서를 대여하거나 차입한 금액과 담보제공 등 채무보증을 한 금액의 합계액이 자본금(해당 상장회사의 최근 사업연도 말 현재의 대차대조표상의 자본금을 말한다)의 100분의 10 이상인 법인

라. 해당 상장회사의 정기주주총회일 현재 그 회사가 자본금(해당 상장회사가 출자한 법인의 자본금을 말한다)의 100분의 5 이상을 출자한 법인

마. 해당 상장회사와 기술제휴계약을 체결하고 있는 법인

바. 해당 상장회사의 감사인으로 선임된 회계법인

사. 해당 상장회사와 주된 법률자문 · 경영자문 등의 자문계약을 체결하고 있는 법무법인, 법무법인(유한), 법무조합, 변호사 2명 이상이 사건의 수임 · 처리나 그 밖의 변호사 업무수행 시 통일된 형태를 갖추고 수익을 분배하거나 비용을 분담하는 형태로 운영되는 법률사무소, 합작법무법인, 외국법자문법률사무소, 회계법인, 세무법인, 그 밖에 자문용역을 제공하고 있는 법인

3. 해당 상장회사 외의 2개 이상의 다른 회사의 이사 · 집행임원 · 감사로 재임 중인 자

4. 해당 상장회사에 대한 회계감사 또는 세무대리를 하거나 그 상장회사와 법률자문 · 경영자문 등의 자문계약을 체결하고 있는 변호사(소속 외국법자문사를 포함한다), 공인회계사, 세무사, 그 밖에 자문용역을 제공하고 있는 자

5. 해당 상장회사의 발행주식총수의 100분의 1 이상에 해당하는 주식을 보유(「자본시장과 금융투자업에 관한 법률」 제133조제3항에 따른 보유를 말한다)하고 있는 자

6. 해당 상장회사와의 거래(「약관의 규제에 관한 법률」 제2조제1호의 약관에 따라 이루어지는 해당 상장회사와의 정형화된 거래는 제외한다) 잔액이 1억원 이상인 자

7. 해당 상장회사에서 6년을 초과하여 사외이사로 재직했거나 해당 상장회사 또는 그 계열회사에서 각각 재직한 기간을 더하면 9년을 초과하여 사외이사로 재직한 자

한편, 상법상 자격요건을 갖춘 사외이사를 선임하고 이사회의 사외이사 구성요건을 충족하는 것은 상장기업의 지배구조요건을 충족하는 사항으로서 미달 시 관리종목에 지정될 수 있는 사항인 만큼 상장유지조건으로도 중요한 사항이다(코스닥시장 상장규정 제53조 제1항 제7호). 즉, 거래소는 상장예비심사시 사외이사의 상법상 자격요건을 충족하는지에 대해 상장신청인과 대표주관회사가 제출하는 사외이사 자격요건 확인서를 통해 확인하고 있으며, 필요한 경우 해당 사외이사의 이력서를 제출받고 있다. 사외이사 선임 시 해당 이사가 자격요건을 잘못 이해하여 자격 미달의 사외이사가 선임되는 경우가 발생하므로, 회사가 사외이사를 선임할 때에는 사외이

사의 자격심사를 면밀하게 진행할 필요가 있다.

4) 내부거래위원회

과거에 이해관계자와의 거래가 다수 존재하거나, 상장 이후에도 사업 구조상 계열회사와의 지속적인 거래관계가 예상되는 상장예정법인 등의 경우 해당 거래의 필요성, 거래조건의 타당성 등을 객관적으로 소명하는 한편, 내부통제제도를 강화해둘 필요가 있다. 내부통제제도 강화 방안은 이사회결의 요건 강화, 내부거래위원회 구성 등 다양하게 존재하며, 그중 내부거래위원회는 3인의 이사로 구성하되, 사외이사의 수가 위원의 3분의 2 이상이 되도록 구성하는 것이 일반적이다. 거래소는 내부거래위원회를 구성할 때 특수관계인을 배제할 것을 권장하고 있으며, 사외이사가 의장을 맡도록 안내하고 있다. 그리고 내부거래위원회를 설치할 경우에는 내부거래위원회의 운영을 위하여 필요한 사항을 정하기 위해 내부거래위원회 규정을 제정하여야 한다.

내부거래위원회에서는 회사와 이해관계자 간의 일상적인 거래의 상대방, 거래조건, 한도뿐만 아니라 단일 거래규모 또는 연간 거래총액이 일정 규모 이상인 거래의 공정성 및 적정성을 검토하고 승인 여부를 결의한다. 그런데 상법상 이사회는 위원회가 결의한 사항에 대하여 다시 결의할 수 있으므로(상법 제393조의2 제4항), 위원회의 결의 내용에 구속력을 부여하기 위하여 이사회 운영규정 및 내부거래위원회 규정을 체계적으로 정비해 둘 필요가 있다. 한편, 상법은 상장회사가 경영하는 업종에 따른 일상적인 거래로서 '이사회에서 승인한 거래총액의 범위 안에서 이행하는 거래' 등은 이사회의 승인을 받지 않고 할 수 있도록 정하고 있다(상법 제542조의9 제5항 제2호). 그리고 각 해당 결의 시에 위원회의 결의에 관하여 특별한 이해관계가 있는 위원은 의결권을 행사할 수 없다.

나. 내부통제 규범(절차)

1) 이사회 운영규정

거래소는 질적 심사 시 경영투명성, 경영 안정성과 관련하여 이사회운영규정 등 내부통제제도의 구축 및 운영 수준을 심사하고 있다. 따라서 상장예정법인은 이사회가 최대주주나 대표이사로부터 독립적이고 합리적인 의사결정이 가능하도록 적절한 이사회 운영규정을 제정하고, 동 규정을 준수하여 일정 기간 이상 이사회를 운영(및 의사록 작성)할 필요가 있다. 특히 거래소는 특수관계자 거래 비중이 높거나 국세 추징 등 거래조건의 타당성이 의문시되는 사례가 존재할 경우, 투자자 보호를 위해 독립적인 사외이사 선임 등 이사회 구성뿐만 아니라 의결요건 강화 등을 통해 거래조건의 비합리적인 결정 우려를 방지할 것을 권고하고 있다.

이사회 운영규정은 이사회의 권한, 구성, 의장 및 직무대행에 대하여 정하게 되며, 이사회의 개최 시기 및 소집절차, 이사회의 결의사항 및 결의방법 등을 그 내용으로 한다. 일반적으로 이사회의 결의는 이사 과반수의 출석과 출석이사 과반수로 하되, 상법 제397조의2(회사기회유용금지) 및 제398조(자기거래금지)에 해당하는 사안에 대한 이사회 결의는 이사 3분의 2 이상의 수로 하며, 이사회의 결의에 관하여 특별한 이해관계가 있는 이사는 의결권을 행사하지 못한다는 내용을 포함한다. 회사가 이사회 운영규정을 제정한 경우에는 실제로 이사회 운영규정의 내용에 따라 이사회를 운영하여야 한다.

2) 이해관계자와의 거래규정

상법은 주요주주등[4]이 자기 또는 제3자의 계산으로 회사와 거래를 하기 위하여 미리 이사회에서 해당 거래에 관한 중요사실을 밝히고 이사회의 승인을 받도록 하고 있다. 이 경우 이사회의 승인은 이사 3분의 2 이상의 수로써 하여야 하고, 그 거래의 내용과 절차는 공정하여야 한다(상법 제398조). 그리고 상장회사는 복리후생을 위한 금전대여 등 예외적인 경우를 제외하면 주요주주 및 그의 특수관계인, 이사 및 집행임원 그리고 감사를 상대방으로 하거나 그를 위하여 대출, 보증 등 신용을 제공하는 행위가 금지되므로(상법 제542조의9), 상장 준비기업은 주요주주 등과의 금전거

4) 상법상 자기거래 시 이사회 승인을 받아야 하는 주요주주 등은 다음과 같다.
(i) 이사 또는 주요주주
(ii) 위 (i)에서 정한 자의 배우자 및 직계존·비속
(iii) 위 (i)에서 정한 자의 배우자의 직계존·비속
(iv) 위 (i)부터 (iii)까지의 자가 단독 또는 공동으로 의결권 있는 발행주식총수의 50% 이상을 가진 회사 및 그 자회사
(v) 위 (i)부터 (iii)까지의 자가 위 (iv)의 회사와 합하여 의결권 있는 발행주식총수의 50% 이상을 가진 회사

래관계를 해소할 필요가 있다. 특히, 과거에 최대주주등과 빈번하게 거래한 내역이 존재하거나 사업구조 상 관계회사와의 계속적인 거래가 불가피한 경우에는 거래조건의 공정성과 타당성을 확보할 수 있도록 사전에 이해관계자와의 거래규정을 제정, 운용하여 내부통제를 강화해 둘 필요성이 크다.

이해관계자와의 거래규정은 일반적으로 거래가 제한되는 대상의 정의, 제한되는 거래의 유형과 예외적으로 허용되는 거래행위 그리고 이해관계자 거래 승인절차에 관한 내용 등으로 구성된다. 이해관계자와의 거래에 대한 이사회의 승인은 이사 3분의 2 이상의 찬성으로 하도록 정하는 것이 일반적이지만 내부통제의 요구 정도에 따라 승인 요건을 가중할 수 있으며, 이사회 결의에 관하여 특별한 이해관계가 있는 자는 의결권을 행사할 수 없다. 이사회 승인은 각 거래 건 별로 받는 것이 원칙이지만, 반복적으로 이루어지는 동종의 거래에 대하여는 거래상대방 · 기간 · 한도 등을 합리적인 범위로 제한하여 이사회 승인을 받도록 정할 수도 있다.

이사회 승인 없이 한 자기거래행위는 회사와 이사 등 간에서는 무효이지만 회사가 위 거래가 이사회의 승인을 얻지 못하여 무효라는 것을 제3자에 대하여 주장하기 위해서는 거래의 안전과 선의의 제3자를 보호할 필요상 이사회의 승인을 얻지 못하였다는 것 외에 제3자가 이사회의 승인 없음을 알았다는 사실을 입증하여야 한다.[5)]또한, 이사와 회사 사이의 거래가 상법 제398조를 위반하였음을 이유로 무효임을 주장할 수 있는 자는 회사에 한정되고 특별한 사정이 없는 한 거래의 상대방이나 제3자는 그 무효를 주장할 이익이 없다고 본다.[6)]

5) 대법원 2004. 3. 25. 선고 2003다64688 판결.

6) 대법원 2012. 12. 27. 선고 2011다67651 판결.

4. 내부통제 훼손 유형 및 대응방안

가. 지배구조 관련

1) 모회사 또는 최대주주에 의한 경영 간섭(독립성 훼손)

상장준비기업의 이사회가 최대주주의 특수관계인 중심으로 구성되어 있거나, 물적분할 등 이후 독자적인 경영조직을 갖추지 못하고 모회사와 경영자문 용역계약을 체결하여 인사, 영업관리 등 주요 경영활동을 위탁하고 있는 경우 상장기업으로서 특정 주주의 이익을 우선하는 등 독립성이 훼손될 우려가 높다. 따라서 기존에 가족 중심으로 이사회를 구성하여 운영해온 회사는 최대주주 겸 대표이사 등 경영에 핵심적인 역할을 하는 자를 제외한 이사(최대주주의 특수관계인)를 사임시키는 등 지배구조를 개선할 필요가 있다. 또한, 모회사 임원의 자회사 이사회의 과도한 겸직을 해소하는 한편, 경영 조직의 중첩(모회사 임직원이 자회사 주요 경영 업무를 중복하여 수행하는 경우)이나 주요 경영조직의 위탁(경영 컨설팅, 외주용역 등)을 조직개편 등을 통해 해소할 필요가 있다. 특히, 모자회사의 독립성 이슈가 큰 회사의 경우에는 이사회 구성 등 지배구조, 이해관계자와의 거래 등 제반 내부통제 이슈에 대하여 정확한 진단과 개선을 위한 법률자문/컨설팅을 받는 것을 적극적으로 고려해 볼 필요가 있겠다.

2) 임원의 겸직 및 보수

상장신청인의 임원이 관계회사 등의 임원을 겸직하고 있는 경우 이사회의 독립성 저하, 부의 이전 등 이해상충의 우려가 높으므로 중점적인 심사의 대상이 된다. 따라서 상장신청인의 임원이 대규모 거래가 존재하는 관계회사의 임원을 겸직하는 경우 상장신청인 및 임원의 관계회사 지분 보유 여부와 관계없이 임원겸직을 해소하는 것이 바람직하다. 반면에 동종영업을 영위하는 회사가 아니고 비상근직으로 보수도 수령하지 않는 경우, 미등기임원이 관리목적으로 100% 해외자회사의 대표이사를 겸직하고 있는 경우, 실질적인 이해상충의 우려가 없는 합작회사 겸직 등의 경우에는 거래소와 협의하여 타당성과 필요성이 소명될 경우 겸직이 가능할 수 있다. 임원이 겸직을 하는 경우는 이사회에서 겸직에 대한 사전 승인을 받아 둘 필요가 있고, 사전 승인을 받지 못한 경우에는 사후적인 추인을 받아 두어야 한다. 다만, 바이오기업의 CEO, CTO 등이 대학의 교원, 연구원을 겸임 · 겸직하는 경우가 있는데, 이 경우 관련 기관으로부터 겸직허가를 받는 것만으로는 충실성을 소명하는 데 부족할 수 있으므로 이를 보완하기 위한 방안을 별도로 모색할 필요가 있다.

최대주주등이 임원으로 재직하면서 별다른 기준 없이 다른 임원들보다 과도하게 높은 보수를 지급받은 경우에는 내부통제의 적정성이 문제될 수가 있다. 지급된 보수가 과도한지 여부는 절대적인 금액뿐만 아니라 최대주주등의 역할 등을 종합적으로 고려하여 판단하고 있으므로, 상장심사에 대비하여 객관적이고 세부적인 보수기준 및 지급방법을 포함한 임원보수규정을 제정하고 이를 준수할 필요가 있다. 예컨대, 회사 실적의 급격한 성장으로 정기주주총회에서 정한 이사 보수한도의 잦은 변경(증액)이 있거나, 대표이사의 보수가 회사의 경영 성과에 비추어 과도한 경우 이사회 내 위원회로서 임원보상위원회를 설치하고, 임원보상위원회에서 임원의 보수 및 경영성과 보상과 관련한 평가 및 심의를 하도록 할 수 있다. 반면에 사외이사 또는 감사에게 보수를 전혀 지급한 사실이 없는 경우에는 실질적인 회사경영업무 및 감사 기능의 수행 여부와 관련하여 의문이 제기될 수 있으므로 합리적인 보수를 지급할 것을 고려하여야 한다.

감사의 보수결정을 위한 주주총회 의안은 이사의 보수결정을 위한 의안과 구분하여 의결하여야 한다. 이와 관련하여 정기주주총회에서 이사의 보수한도 승인결의만 하고 감사의 보수한도에 대한 별도의 승인결의를 누락하지 않도록 유의할 필요가 있다.

3) 사외이사, 감사 구성

상법은 사외이사의 전문성과 독립성을 고려하여 상법 제382조 제3항 및 제542조의8 제2항에서 회사의 상무에 종사하는 이사 · 집행임원 및 피용자 또는 최근 2년 이내에 회사의 상무에 종사한 이사 · 감사 · 집행임원 및 피용자 등 사외이사의 결격사유를 상세히 정하고 있다. 또한 사외이사의 겸직은 1개 회사까지만 가능하고, 선임 이후에는 적어도 회사의 주요 의사결정을 위한 이사회에는 참석할 필요가 있다. 감사 역시 회사의 주요 의사결정을 위한 이사회에 참석하는 것이 바람직하고, 앞서 설명한 이유에서 합리적인 보수를 지급할 필요가 있다. 한편, 거래소는 이해관계자가 비상근 감사 업무를 수행해 온 경우에는 경영투명성 개선을 위한 검증 기간이 필요하다고 판단한 바 있다.

나. 특수관계인 및 이해관계자 거래 관련

1) 모회사 또는 관계회사와의 거래

모회사 또는 관계회사와의 거래가 있는 경우 예컨대, 물품공급, 외주가공용역, 기타서비스 등 거래로 매입 또는 매출이 발생하는 경우에는 경영의 투명성을 저해할 우려가 높고, 최대주주 등 특정인의 이익을 위해 거래조건이 설정될 수 있으므로 특별한 사정이 없는 한 거래관계를 해소하는 것이 바람직하다. 다만, 실제로는 사업분야의 특성상 특정 자격을 갖춘 업체와 거래(또는 하청)할 의무가 있거나, 영업비밀 또는 노하우에 대한 보안 유지 목적으로 제3자와 거래가 부적절한 경우 등 여러가지 사유로 모회사 또는 관계회사와 거래가 이루어질 수밖에 없는 경우도 있다. 이러한 경우에는 거래소에 당해 거래 유지의 필요성과 거래조건(단가, 수수료 등)의 적정성을 입증하여야 한다.

2) 이해관계자와의 불공정한 자금거래[14)]

대표이사(및 임직원)에 대한 대여금 및 가지급금 거래가 상당한 규모로 발생한 경우, 상장신청인의 재무에 부정적인 영향을 미치는 모회사 또는 관계회사와의 자금거

---

7) 공정거래법 및 「부당한 지원행위의 심사지침」(공정거래위원회 예규(이제288호, 이하 '심사지침')에 의하면 1) 가지급금 또는 대여금 등 자금을 거래한 경우(예: 저리로 자금을 대여, 상품 용역거래와 무관하게 선급금 명목으로 무이자 또는 저리로 자금을 제공하는 경우, 지원객체를 지원하려는 의도 하에 제3자를 매개하여 자금거래를 하고 그로 인하여 지원객체에게 실질적으로 경제상 이익을 제공하는 경우), 2) 유가증권 부동산 무체재산권 등 자산을 거래한 경우(예: 자산을 무상으로 또는 정상가격보다 낮은 가격으로 제공하거나 정상가격보다 높은 가격으로 제공받는 것), 3) 부동산을 임대차한 경우(예: 무상으로 부동산을 사용하도록 제공하거나 정상임대료보다 낮은 임대료로 임대하거나 높은 임차료로 임차하는 것), 4) 상품 · 용역을 거래한 경우(예: 상품 용역을 무상으로 또는 정상가격보다 낮은 가격으로 제공하거나, 정상가격보다 높은 가격으로 제공받는 것, 상당한 규모의 거래를 통해 당해 거래 물량만으로 지원객체의 사업개시 또는 유지를 위한 최소한의 물량을 초과할 정도의 거래규모가 확보되는 경우 등), 5) 인력을 제공한 경우(예: 업무지원을 위해 인력을 제공한 후 인건비는 지원주체가 부담한 경우, 인력파견계약을 체결하고 인력을 제공하면서 퇴직충당금 등 인건비의 전부 또는 일부를 미회수한 경우 등), 6) 거래단계를 추가하거나 거쳐서 거래한 경우(예: 지원주체가 다른 사업자와 상품이나 용역을 거래하면 상당히 유리함에도 불구하고 거래상 역할이 없거나 미미한 지원객체를 거래단계에 추가하거나 거쳐서 거래하는 것, 그 역할이 있다고 하

래(대여, 채권/채무, 지급보증 및 담보제공)가 있는 경우, 대여금을 전액 상환하는 등 거래관계를 해소하여야 한다. 거래소는 상장신청인의 최대주주 및 대표이사가 이사회 등 절차를 거치지 않고 회사 자금을 인출하여 사용한 사례에서 가지급금 원금을 상장예비심사신청 전 모두 회수하도록 한 사례가 있다. 거래관계를 해소하더라도 기존 거래 당시 절차(상법 제398조에 따른 이사회 결의, 이해관계인 참여여부)와 거래조건의 적정성에 대하여 소명할 필요가 있다.

3) 특수관계인에 대한 주식매수선택권 부여

주식매수선택권 부여대상자가 아닌 특수관계인에게 주식매수선택권을 부여하거나, 정관 상 부여한도를 초과하는 수량의 주식매수선택권을 부여한 경우, 주식매수선택권 행사 요건을 충족하지 않았음에도 불구하고 행사를 인정한 경우 거래소는 위법성이 인정되는 주식매수선택권 수량을 이사회 결의를 거쳐 취소하도록 하고 있다. 위법하게 행사된 주식매수선택권의 경우(신주발행 무효의 소 제소기간 6개월 도과)에는 원칙적으로 취득한 주식에 대한 환수 조치가 이루어질 필요가 있는데, 법률검토를 거쳐 합리적으로 대응할 수 있도록 준비할 필요가 있다. 거래소는 대표이사에게 부여된 주식매수선택권이 행사요건(재임 및 재직기간)을 위반(과실)하여 행사된 사례에서, 대표이사가 해당 주식 전체를 회사에 무상으로 증여함으로써 관련 이해관계가 해소된 것으로 판단한 사례가 있다.

4) 대응방안

이해관계자와의 거래가 존재하는 회사는 거래의 필요성 등 그 타당성과 거래조건의 적정성(arm's length)의 소명을 준비하여야 한다. 부적절한 거래가 발견된 경우 거래소 및 주관회사와 협의하여 (i) 증권신고서에 해당 내용을 기재, (ii) 거래관계 해소 및 부당이득의 반환, (iii) watching period의 부여, (iv) 내부통제제도 구축 및 재정비 등 적절한 대응 방안을 강구하여야 한다. 또한, 이해관계자와의 거래규정 제정 또는 내부거래위원회 설립 등 내부통제장치를 마련할 것이 요구되기도 한다. 상장준비기업에 내부통제 이슈가 발견된 경우 이를 해소하는 한편, 자기거래 및 신용공여 통제를 위한 이해관계자와의 거래규정 제정, 내부거래위원회 설치 등 내부통제제도

더라도 역할에 비하여 과도한 대가를 지원객체에게 지급하는 것)는 부당지원행위에 해당한다.

를 설계하고, 최소 3개월~6개월 이상 실질적으로 운용할 필요가 있다.

다. 경영진의 불법행위

거래소는 상장신청인의 경영진의 배임, 횡령 등 불법행위가 문제될 경우 해당 위법사실로 인해 회사의 존속 또는 영업에 중대한 영향을 미칠 수 있는지를 평가하고, 원칙적으로 심사 전에 법원 등의 처분이 확정되거나 종결될 것을 요구한다. 거래소는 상장신청인의 직원의 횡령이 문제된 경우에 해당 직원의 횡령액을 대여금 처리 및 연대보증인의 지불각서를 받아 회수하도록 하고, 상장신청인은 전 사원의 신원보증보험을 가입하는 한편, 거래처에는 정기적으로 채권채무조회서를 발송하고 법인계좌 입금을 원칙으로 하는 등 내부통제시스템을 개선하도록 한 사례가 있다. 또한, 상장신청인은 관련 경영진의 사임, 내부통제제도의 구축 등 재발방지와 보완 대책을 마련하고 충분한 검증 기간을 거쳐 해당 법인의 경영상 제약이 없음을 소명할 것이 요구된다. 경영진의 불법행위는 외부감사를 받는 과정에서도 이슈가 될 수 있고, 횡령 · 배임 액수가 크거나 광범위할 경우 포렌식 검증을 요구받는 경우도 있음을 유의해야 한다.

5. 맺음말

상장준비기업의 내부통제 관련 이슈는 회사가 처한 개별적인 경영환경, 최대주주 및/또는 대표이사의 성향, 내부 컴플라이언스 체계 등 다양한 요소로부터 영향을 받는다. 또한, 내부통제 이슈가 누적적으로 발견되고 이를 해소하기 위한 내부통제시스템 구축 및 운영이 충분히 이루어지지 않을 경우에는 상장심사 과정에서 매우 불리한 요소로 작용할 수 있다. 따라서 상장을 준비하는 기업은 상장예비심사 신청 전 전문적인 법률실사, 내부통제컨설팅 등 사전 검토를 거쳐 이슈를 정확히 파악한 다음 적절한 내부통제시스템을 구축하고 3~6개월의 충분한 watching period를 부여할 것을 고려해볼 필요가 있다. 무엇보다 경영진이 내부통제제도를 실질적으로 운용할 의지와 진정성을 가지고 기업 문화를 형성하는 것이 중요하며, 동시에 내부통제 시스템 운용상 적정성 유지 및 평가를 위하여 지속적인 노력을 기울여야 한다.

Ⅱ.2

경영 안정성과 주주간 계약

1. 상장심사와 경영 안정성

회사의 최대주주가 빈번하게 바뀌었거나 최대주주등[8]의 지분율이 너무 낮아 안정적으로 경영권을 유지하는 것이 어려운 상황이라면 투자자 입장에서는 불안한 요소일 수밖에 없다. 거래소 또한 투자자 보호 관점에서 이러한 상황에 처해 있는 회사의 상장을 그대로 허용할 수는 없을 것이다. 따라서 거래소는 최대주주등의 지분율, 경영권 분쟁 및 주식관련사채(CB, BW 등) 발행현황 등에 비추어 기업경영의 안정성이 현저하게 저해되지 않을 것을 질적 심사기준으로 삼고 있으며(유가증권시장 상장규정 제30조 제1항 제3호, 코스닥시장 상장규정 제29조 제1항 제2호), 필요할 경우 경영 안정성을 담보하기 위한 적절한 조치를 요구하고 있다.

최대주주는 개인 또는 법인일 수 있고, 공동창업자가 있는 경우, 복층 설계된 경우 그리고 PEF 또는 벤처금융이 최대주주인 경우 등 다양한 케이스가 존재하므로

8) "최대주주등"이란 최대주주 및 그의 특수관계인을 말한다(유가증권시장 상장규정 제2조 제1항 제11호). 최대주주란 의결권 있는 발행주식 총수를 기준으로 본인 및 특수관계인 소유 주식을 합하여 그 수가 가장 많은 경우의 그 본인을 말한다. 특수관계인은 본인이 개인인 경우와 본인이 법인 또는 단체인 경우를 구분한다. 특수관계인의 구체적인 범위는 후술한다.

경영 안정성을 판단하는 기준도 다양하다. 일반적으로 다수의 투자유치 과정에서 최대주주등의 지분율이 현저히 낮아진 경우, 경영권 분쟁이 발생한 적이 있거나 현재 진행 중인 경우 또는 상당한 양의 주식관련사채가 발행되어 있는 경우 등은 기업경영의 안정성이 저해될 우려가 높은 것으로 평가할 수 있다. 상장규정에 따르면 경영성과요건 적용대상 기간 중 최대주주등이 변경된 경우에는 변경 이후 주된 거래처와의 거래 지속 여부, 특수관계자와의 거래 등 신청기업의 경영성과 및 내부통제제도 등의 변동 사항을 고려하여 과거 경영성과 및 내부통제제도 등이 향후에도 지속될 수 있을 것으로 인정되어야 한다(유가증권시장 상장규정 시행세칙 [별표 2의2] 질적심사기준).

또한, 최대주주등이 명목회사인 경우 명목회사의 실질적인 지배주주를 포함하여 안정적 지분 보유 여부를 확인한다. 기술성장기업의 경우 수익실현 시점까지 경영권이 안정적으로 유지될 수 있는지도 고려 대싱이다(코스닥시장 상장규정 시행세칙 [별표 6] 질적심사기준). 상장규정 상 질적심사기준에 따르면, 경영권 분쟁이 있는 경우 기업경영에 미치는 영향을 분석하고, 최대주주가 변경된 경우 경영진 변동, 사업구조의 변화 등으로 인한 기업경영의 연속성 유지 여부를 평가하게 된다. 또한, 최대주주등의 구주매출이 있는 경우 상장신청인의 자금조달수요 및 안정적 경영권 유지 여부 등을 감안한 구주매출의 적정성도 심사 대상이다(코스닥시장 상장규정 시행세칙 [별표 6] 질적심사기준).

한편, 상장예정법인 또는 최대주주등은 회사 경영 과정에서 전략적 투자자(SI) 또는 재무적 투자자(FI)로부터 투자를 유치하는 과정에서 투자자와 주주간계약을 체결하는 경우가 많다. 그런데 주주간 계약에는 당해 개별 투자자를 보호하기 위하여 고안된 장치들이 그 내용에 다수 포함되며, 이 내용들 중에는 주주평등의 원칙과 일반투자자 보호 관점에서 상장 심사 또는 상장 이후에는 유지될 수 없는 내용들이 많이 포함되어 있다. 따라서 상장심사 이전에 주주간 계약을 검토하여 사전에 이슈가 없도록 투자자들과 협의하고, 경우에 따라서는 계약을 해소하거나 변경계약을 체결할 필요가 있다.

2. 최대주주등 지분율 관련 이슈

가. 문제되는 유형

상장 시 최대주주등의 최소 지분율 기준은 없다. 일률적으로 정의할 수는 없으나 코스닥 시장의 경우 실무상 최대주주와 그의 특수관계인[9]의 공모 후 합산 지분율이 20% 미만인 경우 경영 안정성이 저해될 가능성이 있는 것으로 본다. 전문투자자와 벤처금융 등 외부 투자자의 지분율이 높거나 최대주주와 2대주주의 지분율 차이가 근소한 상황인 경우에도 경영의 안정성이 저해될 우려가 있으므로 보완이 필요할 수 있다. 거래소는 상장신청법인의 최대주주가 재무적투자자(지분율 30%)이고 실질적인 경영권자인 대표이사가 2대주주인(지분율 20% 미만) 상황에서 최대주주인 재무적투자자가 향후 지분을 매각할 가능성이 높고, 회사의 실질적 경영자인 대표이사에 비우호적인 투자자에게 지분을 매각할 가능성을 배제할 수 없어 경영 안정성이 미흡하

---

9) 특수관계인은 본인이 개인인 경우, (i) 배우자(사실상의 혼인관계에 있는 사람을 포함), (ii) 6촌 이내의 혈족, (iii) 4촌 이내의 인척, (iv) 양자의 생가의 직계존속, (v) 양자 및 그 배우자와 양가의 직계비속, (vi) 혼인 외의 출생자의 생모, (vii) 본인의 금전이나 그 밖의 재산으로 생계를 유지하는 사람 및 생계를 함께 하는 사람, (viii) 본인이 혼자서 또는 그와 (i)부터 (vii)까지의 관계에 있는 자와 합하여 법인이나 단체에 30% 이상을 출자하거나, 그 밖에 임원(업무집행책임자 제외, 이하 같음)의 임면 등 법인이나 단체의 중요한 경영사항에 대하여 사실상의 영향력을 행사하고 있는 경우에는 해당 법인 또는 단체와 그 임원, (ix) 본인이 혼자서 또는 그와 (i)부터 (viii)까지의 관계에 있는 자와 합하여 법인이나 단체에 30% 이상을 출자하거나, 그 밖에 임원의 임면 등 법인이나 단체의 중요한 경영사항에 대하여 사실상의 영향력을 행사하고 있는 경우에는 해당 법인 또는 단체와 그 임원을 포함합니다[상장규정 제2조 제1항 제11호 나목, 「금융회사의 지배구조에 관한 법률」(이하 '지배구조법') 시행령 제3조 제1항 제1호].

특수관계인은 본인이 법인 또는 단체인 경우, (i) 임원, (ii) 공정거래법에 따른 계열회사 및 그 임원, (iii) 혼자서 또는 특수관계인 지위에 있는 자와 합하여 본인에게 30% 이상을 출자하거나, 그 밖에 임원의 임면 등 법인이나 단체의 중요한 경영사항에 대하여 사실상의 영향력을 행사하고 있는 경우에는 해당 법인(계열회사는 제외) 또는 단체와 그 임원, (iv) 본인이 혼자서 또는 그와 (i)부터 (iii)까지의 관계에 있는 자와 합하여 다른 법인이나 단체에 30% 이상을 출자하거나, 그 밖에 임원의 임면 등 법인이나 단체의 중요한 경영사항에 대하여 사실상의 영향력을 행사하고 있는 경우에는 해당 법인 또는 단체와 그 임원을 포함합니다(상장규정 제2조 제1항 제11호 나목, 지배구조법 시행령 제3조 제1항 제2호).

다고 판단한 사례가 있다.

또한, 전환사채의 전환권을 행사할 경우 최대주주가 변경될 가능성이 있거나 공모 이후 최대주주등의 지분율이 20% 이하인 경우에도 경영 안정성을 유지하기 위한 조치가 필요하다. 거래소는 상장예비심사 신청일을 기준으로 전환사채의 전환권이 모두 행사될 경우 최대주주가 변경될 수 있는 사례에서, 전환사채권자가 전환 및 매각 등에 대하여 '6개월 간 매각하지 않겠다'는 것 이외에 별도의 의사를 표시하지 않았고, 경영참여 여부에 대한 의사도 불분명하므로 경영 안정성이 미흡하다고 판단한 사례가 있다.

최대주주등의 지분율이 낮아 문제가 되는 경우에는 우호주주와 공동목적보유 확약을 체결하는 등 최대주주의 경영권 안정화 방안을 추가로 마련하여 제출할 것을 고려해 보아야 한다. 대체로 회사의 임직원 또는 우리사주조합 등이 보유한 주식은 우호적인 물량으로 분류되고, 지분을 보유한 공동창업자가 있는 경우에는 현재의 최대주주와의 관계 및 경영 관여 여부를 종합적으로 고려하여 판단한다. 전환사채(CB), 신주인수권부사채(BW)가 전환될 경우 최대주주가 변경될 가능성이 있거나 공모 이후 최대주주의 지분율이 20% 이하로 하락할 가능성이 있는 경우 우호주주와 의결권 공동행사약정을 체결하는 등 최대주주의 경영권 안정화 방안을 추가로 마련하여 제출할 것이 요구된다.

전문투자자 또는 벤처금융과 같은 투자자는 지분을 양도하는 경우가 아니라면 상장이 성공적으로 이루어져야 투자금을 회수할 수 있으므로 회사(최대주주)와 이해관계가 일치하는 측면이 있다. 따라서 전문투자자와 벤처금융 등 외부 투자자들은 공모 관점에서 필요성이 있다고 판단하거나 경영 안정성에 여타의 이슈가 있는 경우 자발적으로 보유 물량의 전부 또는 일부에 대하여 의무보유기간 보다 장기의 보유기간을 설정하기도 한다. 이 경우 최대주주등의 실질적인 경영 안정성 확보를 위한다는 측면에서는 공동보유목적 확약서나 주주간계약서 등을 체결하여 의결권을 행사함에 있어서도 동일한 방향으로 한다는 등의 내용을 추가하여 둘 것을 고려해볼 수 있다.

나. 공동목적보유 확약

앞서 살펴본 바와 같이 경영 안정성이 저해될 우려가 있는 경우에는 공동목적보유 확약체결을 통해 이를 보완할 수 있다. 공동목적보유 확약서는 당사자가 날인하여 거래소에 제출하며, 경영 안정성 확보를 위한 수단이 포함된다. 보다 구체적으로는 최대주주의 낮은 지분 비율을 보완하기 위하여 당사자들 사이에 합의된 의무보유기간(자발적 보호예수 기간), 의결권의 공동행사에 대한 사항, 지분 처분 시 우선매수권 등 회사의 안정적인 경영을 일정 기간 동안 담보하기 위한 조치를 기재한다.

거래소는 상장신청법인의 최대주주가 별도의 코스닥 상장법인이고, 설립자인 대표이사의 경영 독립성과 안정성이 요구되는 상황에서 ① 최대주주로부터 상장신청인 경영독립성 보장 약정, ② 최대주주의 경영권을 상장 후 3년 간 매각하지 않겠다는 의무보유기간 설정, ③ 최대주주 지분 매각 시 대표이사 또는 대표이사가 지정한 제3자에게 우선매수권 부여 약정, ④ 최대주주의 의결권을 대표이사에게 위임하는 내용의 공동목적보유 확약을 체결한 경우 경영 안정성 보완장치가 마련된 것으로 판단한 사례가 있다.

특히, 의결권 공동행사 약정의 경우 우호주주, 전문투자자나 벤처금융과의 관계에서는 최대주주의 회사 운영 및 영업활동에 관한 결정에 부합하도록 의결권을 행사하는 수준의 합의로 충분할 수 있으나, 우호주주 여부를 판단할 수 없거나 긴장관계가 있는 2대주주 등과의 관계에서는 일정 기간 의결권을 위임하도록 협의하는 방안도 검토가 필요하다. 한편, 공동목적보유 확약서는 경영 안정성에 대한 거래소의 질적 심사를 위하여 거래소에 제출되는 문서이므로 계약 체결 전에 그 내용에 대하여 주관사를 통해 거래소와 충분히 협의한 후 체결하는 것이 바람직하다.

다. 상장 전후 경영권 방어 전략

최대주주등의 경영 안정성에 이슈가 있는 경우 공동목적보유 확약 체결 등 보완책이 강구되지만 약정기간이 1년~3년인 경우가 대부분이므로 회사나 최대주주등 입장에서는 장기적으로 안정적인 경영권을 확보하기 위한 노력도 함께 기울일 필요가 있다. 특히 상장회사의 경영 안정성에 취약한 부분이 있을 경우 적대적 M&A의 타깃이 되거나, 행동주의펀드의 공격 대상이 될 수 있으며, 주식등의 대량보유 등의 보고 제도(5%룰) 등 공시를 통해 대응하는 것은 한계가 있다. 또한, 안정적인 경영권 확보를 통한 주주 보호의 관점에서도 법과 제도가 허용하는 범위 내에서 초다수결의 제, 시차임기제 등 경영권을 보호할 수 있는 장치를 도입하는 것을 고려해 볼 수 있다.

3. 주주간 계약의 주요 내용과 이슈

주주간 계약은 합작회사의 설립이나 M&A, 벤처캐피탈의 투자 유치 과정에서 소수주주의 일정한 경영 참여 등 권리를 보장하기 위하여 체결되며, 그 과정에서 회사의 운영과 관련된 회사법적 질서를 당사자들의 의도에 부합하게 형성한다.[10] 따라서 주주간 계약에는 주식의 처분, 의결권의 위임 또는 의결권의 행사방법, 임원 선임에 대한 권리, 경영상 주요 결정에 대한 동의권 또는 정보수령권, 배당에 관한 내용 등이 포함된다. 거래소는 이와 같이 체결된 주주간 계약서에 경영의 독립성을 저해할 수 있는 과도한 이사 선임권, 경영사항에 대한 사전동의권, 정보요구권, 배당에 관한 권리 등이 포함되는 경우, 주주평등의 원칙에 입각하여 과도한 부의 이전, 소액주주 보호 등 이슈가 없는지 살펴보고 있다. 이하에서는 상장심사 시 주로 이슈가 되는 주주간 계약의 내용과 대응 방안을 살펴보기로 한다.

가. 회사의 지배 및 운영에 관한 사항

주주간 계약으로 특정 주주(투자자)에게 임원(이사 또는 대표이사) 선임(지명)에 관한 권리를 부여하는 경우가 있다. 또한, 주주간 계약으로 정관변경, 신주발행(유·무상증자), 사채(주식관련사채 포함), 주식매수선택권 기타 유사한 권리의 제3자에의 발행, 부여 등 회사의 주요 경영사항에 대해서 투자자에게 사전 서면 통지하고 투자자로부터 사전 서면 동의[11]를 받도록 하기도 하며, 정기적으로 회사의 재무정보 등을

10) 송옥렬, "주주간 계약의 회사에 대한 효력", 저스티스 통권 제178호(2020), 352면.

11) 법원은 회사가 자금조달을 위해 신주인수계약을 체결하면서 주주의 지위를 갖게 되는 자에게 회사의 의사결정에 대한 사전동의를 받기로 약정하고, 위반 시 손해를 배상하기로 정한 경우 이러

투자자에게 제공할 의무를 부과하기도 한다.

그러나 기업공개 이후에는 주주평등의 원칙과 투자자 보호의 관점에서 개별 투자자(특정 주주)에게 임원 선임 또는 해임에 관한 권한, 주요 경영사항에 대한 사전 동의권, 임원지명권 등을 부여하는 투자계약의 효력이 유지될 수 없다. 특정 주주에게 이사 선임 또는 해임에 관한 권리를 부여하고, 이를 실현하기 위하여 주주총회 소집 등 협력의무를 부여하고 있을 경우(특히, 회사도 주주간 계약의 당사자인 경우)[12] 주주평등의 원칙에 위배되는 것으로 평가될 가능성이 있으므로 해소하는 것이 바람직하다.

또한, 특정 주주가 상장 이후 공시된 정보 외의 정보를 (사전에) 수령할 경우 미공개 중요정보 이용행위(자본시장과 금융투자업에 관한 법률 제174조)에 해당할 가능성이 크다. 따라서 거래소 역시 심사 과정에서 이러한 주주간 계약의 내용에 대해 이슈를 제기할 가능성이 높다. 그러므로 이 같은 주주간 계약(또는 같은 내용이 포함된 투자계약) 상 투자자의 각종 권리는 상장예비심사신청 시점 또는 상장이 완료되는 시점을

한 손해배상 약정이 주주평등 원칙을 위반하여 무효인지 여부가 문제된 사건에서, 회사가 일부 주주에게 우월한 권리나 이익을 부여하여 다른 주주들과 다르게 대우하는 경우에도 법률이 허용하는 절차와 방식에 따르거나 그 차등적 취급을 정당화할 수 있는 특별한 사정이 있는 경우(차등적 취급의 구체적 내용, 회사가 차등적 취급을 하게 된 경위와 목적, 차등적 취급이 회사 및 주주 전체의 이익을 위해 필요하였는지 여부와 정도, 일부 주주에 대한 차등적 취급이 상법 등 관계 법령에 근거를 두었는지 아니면 상법 등의 강행법규와 저촉되거나 채권자보다 후순위에 있는 주주로서의 본질적인 지위를 부정하는지 여부, 일부 주주에게 회사의 경영참여 및 감독과 관련하여 특별한 권한을 부여하는 경우 그 권한 부여로 회사의 기관이 가지는 의사결정 권한을 제한하여 종국적으로 주주의 의결권을 침해하는지 여부를 비롯하여 차등적 취급에 따라 다른 주주가 입는 불이익의 내용과 정도, 개별 주주가 처분할 수 있는 사항에 관한 차등적 취급으로 불이익을 입게 되는 주주의 동의 여부와 전반적인 동의율, 그 밖에 회사의 상장 여부, 사업목적, 지배구조, 사업현황, 재무상태 등)에는 유효성이 인정될 수 있다고 판단하였다(대법원 2023. 7. 13. 선고 2021다293213 판결 참조).

12) 원칙적으로 주주간 계약의 당사자는 주주 예컨대 최대주주와 투자자가 되는 것이 타당하다. 주주간 계약의 당사자는 당해 계약을 체결한 주주들이므로 실무상 주주간 계약은 회사에 대하여 구속력이 없고 당사자 사이에서 채권적 효력만 있다고 본다. 그러나 실제로는 주주간 계약의 이행과 실효성을 담보하기 위하여 주주간 계약의 당사자에 상장예정법인을 포함시키는 경우가 많다. 회사를 주주간 계약의 당사자에 포함시키는 것이 이론적으로 타당한지, 어떤 효력을 인정할 수 있는지에 대하여는 논쟁이 있으나 주주간 계약상 권리 행사에 회사의 특정 행위가 필요한 경우에는 이행을 강제할 계약상 근거를 두는 것이 유리하다는 판단 하에 실무상 주주간 계약에 빈번하게 이용되어 왔다.

기준으로 효력을 종료하도록 변경계약을 체결하는 등 가능한 범위 내에서 미리 조치를 취해 둘 필요가 있다.

나. 주식 등의 소유 및 처분 등에 관한 사항

회사는 정관으로 정할 경우 주식의 양도를 위하여 이사회의 승인을 받도록 할 수 있다(상법 제335조). 비상장회사의 경우 회사의 폐쇄성을 유지하기 위해 주식의 양도를 제한할 필요가 있을 수 있다. 그러나 이러한 양도 제한은 주식 시장에서의 자유로운 양도를 전제하는 상장회사에는 적합하지 않다. 거래소 역시 정관, 주주간 계약, 합작투자계약서 등에 주식의 양도를 제한하는 내용이 없을 것을 요구하고 있다(유가증권시장 상장규정 제29조 제1항 제7호, 코스닥시장 상장규정 제28조 제1항 제4호). 따라서 상장신청법인은 상장예비심사신청 전에 주식 양도 제한사유를 삭제하여야 한다.

주주간 계약으로 투자자의 사전 서면동의가 없는 한 대주주가 보유한 주식의 전부 또는 일부를 제3자에게 양도, 이전, 매각, 담보제공 기타 일체의 처분을 할 수 없도록 정하고, 투자자에게는 우선매수권 또는 공동매도권(tag-along)을 부여하는 경우가 있다. 그러나 상장예정법인이 발행한 주식은 거래소가 예외적으로 인정한 경우가 아닌 한 양도(처분)에 제한이 없어야 한다. 비록 이러한 양도 제한 약정이 회사를 직접 구속하는 것은 아니라고 하더라도 해당 약정을 위반할 경우 주주간 분쟁이 발생할 가능성이 있고, 기업 경영의 안정성에 영향을 미칠 수 있어 질적심사의 대상이 된다는 점을 고려하면 주식의 유통성을 저해하거나 분쟁을 초래할 만한 주주간 계약의 내용은 사전에 법률 검토를 받아 정비해 둘 필요가 있다. 특히 회사가 주주간 계약의 당사자로 되어 있는 경우에는 특정 주주에게만 매수청구권(put-option)을 부여할 경우 자본금 환급 및 주주평등 원칙에 위배될 가능성이 높으므로, 상장 이후 효력을 상실하도록 변경하거나 풋옵션 매수자의 범위에서 회사가 명시적으로 제외되도록 변경할 필요가 있다.

다. 주주간 계약의 존속기간(종료시기)

주주간 계약의 존속기간 또는 종료시기를 정하지 않았거나, 상장과 관련한 계약 종료사유의 정함이 없을 경우에는 이를 명시해두는 것이 바람직할 것이다. 그러나 상장예비심사신청 시점에 주주간 계약관계를 모두 해소하는 것이 현실적으로 용이하지 않은 상황이라면(사실상 투자자들의 동의를 기대하기도 어렵다), 적어도 이슈가 될 만한 계약상 권리 내지 의무에 한하여 상장예비심사 중에는 해당 권리를 행사할 수 없도록 약정하거나, 상장 이후에는 관련 계약의 내용이 효력을 상실하도록 변경계약을 체결해둘 것을 고려해 보아야 한다.

4. 벤처기업 복수의결권 주식의 도입

가. 벤처기업법 개정 내용

개정된 벤처기업법이 2023년 11월 7일부터 시행되면서, 주식회사인 벤처기업(비상장)은 존속기간을 10년 이내의 범위에서 정관으로 정하는 바에 따라 주주총회의 결의로 복수의 의결권이 있는 주식(이하 '복수의결권 주식')을 발행할 수 있게 되었다(벤처기업법 제16조의11 제1항). 이로써 벤처기업의 성장을 위한 대규모 투자를 유치하는 과정에서 창업주의 지분이 희석되고 그 결과 경영의 안정성이 저해되는 문제에 대응하기 위한 제도적 장치가 마련되었다. 다만, 벤처기업법은 복수의결권 주식을 부여받을 수 있는 자 등 발행요건, 발행한도, 보유자격, 보통주 전환요건 등에 제한을 두어 동 제도의 남용을 예방하기 위한 조치도 함께 도입된 것으로 보인다. 이하에서는 경영 안정성 확보 수단의 하나인 복수의결권 주식에 관한 개정 벤처기업법의 주요 내용에 대해 살펴보기로 한다.

나. 복수의결권주식 발행에 관한 사항

복수의결권주식은 비상장 벤처기업에 한하여 발행할 수 있다. 벤처기업이라고 하더라도 주식시장에 상장된 경우 이미 대규모 자금 조달이 이루어진 이후이며, 주식 분산으로 많은 소액주주가 존재하는 만큼 새로운 복수의결권주식의 발행이 금지된다.[13] 또한, 유니콘 기업의 육성 목적에 걸맞은 혁신성 지표의 확인을 위해 창업 이후 누적 100억 원 이상의 투자를 유치하고, 마지막 투자[14]가 50억 원 이상일 것을 요구하고 있다(벤처기업법 제16조의11 제1항, 동법 시행령 제11조의8 제1항 내지 제3항). 그리고 마지막 투자로 인하여 창업주 지분이 30% 이하로 떨어지거나, 최대주주 지위를 벗어나는 경우와 같이 지분 희석의 우려가 있어야 한다(벤처기업법 제16조의11 제1항 제2호).

복수의결권주식은 창업주로서 현재 회사를 경영하는 자(발기인이자 등기이사)에게만 발행할 수 있다(벤처기업법 제16조의11 제5항).[15] 복수의결권주식 발행을 위하여는 정관으로 일정한 경우 복수의결권주식을 발행할 수 있다는 뜻, 복수의결권주식을 받을 자의 자격 요건, 복수의결권주식의 발행 절차, 발행할 복수의결권주식의 총수, 복수의결권주식의 1주당 의결권의 수, 복수의결권주식의 존속기간, 일정한 경우 복수의결권주식은 보통주식으로 전환된다는 뜻을 정해야 한다(벤처기업법 제16조의11 제2항). 그리고 해당 정관변경을 위한 주주총회의 결의와 복수의결권주식 부여를 위한 주주총회 결의는 의결권 있는 발행주식 총수의 4분의 3 이상의 수(가중된 특별결의)로써 하여야 한다(벤처기업법 제16조의11 제4항). 복수의결권주식을 발행한 벤처기업은 중소벤처기업부장관에게 보고해야 하며, 중소벤처기업부 장관은 벤처기업의 명단

---

13) 중소벤처기업부, 비상장 벤처기업 복수의결권주식 가이드라인(2023.11.), 7면.

14) 참고로, 누적투자 100억 원 이상을 받은 벤처기업이 가장 마지막에 받은 투자가 지분투자가 아닌 전환사채 형식의 투자인 경우 복수의결권주식을 발행할 수 있는지에 대하여 중소벤처기업부는 "벤처기업법 제16조의11 제1항 제2호는 마지막 투자를 받음에 따라 창업주가 소유한 지분의 하락이 있어야 한다고 정하고 있습니다. 즉, 벤처기업이 마지막에 받는 투자는 반드시 의결권의 변동을 수반하는 지분투자(equity)여야 합니다. 따라서, 벤처기업이 전환사채 형식으로 투자를 받는 경우에는 창업주의 지분이 희석되지 않기 때문에 복수의결권주식을 발행할 수 없습니다."라는 입장이다(중소벤처기업부, 비상장 벤처기업 복수의결권주식 가이드라인, 2023.11., 53쪽).

15) 보다 구체적으로 벤처기업법 상 "창업주"란 아래의 요건을 모두 갖춘 주주를 의미한다(벤처기업법 제16조의11 제5항).

1. 주식회사인 벤처기업 설립 당시 「상법」 제289조 제1항에 따라 작성된 정관에 기재된 발기인일 것
2. 「상법」 제382조 제1항에 따라 주주총회에서 선임되고 복수의결권주식 발행 당시 회사의 상무(常務)에 종사하는 이사일 것
3. 금고 이상의 실형을 선고받고 그 집행이 끝나거나(끝난 것으로 보는 경우를 포함한다) 면제된 날부터 2년이 지나지 아니한 자에 해당하지 아니할 것
4. 주식회사인 벤처기업 설립 당시부터 가장 나중의 투자를 받기 전까지 계속하여 의결권 있는 발행주식 총수의 100분의 30 이상으로서 가장 많은 주식을 소유한 자일 것

을 관보에 고시한다(벤처기업법 제16조의14).

복수의결권주식의 제도는 벤처기업의 성장을 지원하기 위하여 예외적으로 도입되었다. 따라서 영구적 지배권의 확립이나 부의 이전 수단으로 활용되는 것을 방지하기 위해 존속기간을 발행 후 최대 10년으로 제한하였다.[16] 또한 창업주가 복수의결권주식을 상속하거나 양도한 경우, 이사의 직을 상실한 경우,[17] 해당 기업이 상장된 날부터 3년이 경과한 경우, 공시대상기업집단으로 지정 또는 편입된 경우 등에는 보 보통주식으로 전환되도록 하였다(벤처기업법 제16조의12). 복수의결권주식의 의결권은 1주마다 1개 초과 10개 이하의 범위에서 정관으로 정하고(벤처기업법 제16조의11 제7항), 주주권익이나 창업주의 사적 이해관계와 관련된 안건에서는 1주당 1의결권으로 제한된다(벤처기업법 제16조의13).[18]

그 밖에도 벤처기업법은 창업주의 경제적 상황을 고려하여 총주주의 동의가 있는 경우에는 보통주식으로 복수의결권주식에 대한 납입을 할 수 있도록 정하였다(벤처기업법 제16조의11 제8항). 복수의결권주식을 발행한 벤처기업이 상장한 경우 자본시장법 상 공개매수 및 주식등의 대량보유 등의 보고는 주식등의 수가 아니라 의결권의 수를 기준으로 하여야 한다(벤처기업법 제16조의15). 복수의결권주식이 허위 또는 부정한 방법으로 발행된 경우에는 그 발행일에 같은 수의 보통주식으로 발행된 것으로 보고(벤처기업법 제16조의12 제2항), 중소벤처기업부장관은 복수의결권주식에 관한 규정을 위반한 혐의가 있다고 인정한 때에는 복수의결권주식을 발행한 주식회사인 벤처기업으로 하여금 관련 사항을 보고하게 하거나 소속 공무원으로 하여금 그 사무소·사업장, 그 밖에 필요한 장소에 출입하여 장부·서류 등 필요한 사항에 대해 조

---

16) 중소벤처기업부, 비상장 벤처기업 복수의결권주식 가이드라인(2023.11.), 8면.

17) 복수의결권주식의 존속기간이 그 전에 만료되는 경우에는 그 만료일의 다음 날.

18) 벤처기업법 제16조의13(복수의결권주식의 의결권 제한) 복수의결권주식은 제16조의11 제7항에도 불구하고 다음 각 호의 어느 하나에 해당하는 사항을 결의하는 경우 1주마다 1개의 의결권만을 가진다.
1. 복수의결권주식의 존속기간 변경을 위한 정관의 변경에 관한 사항, 2. 「상법」 제388조에 따른 이사의 보수에 관한 사항, 3. 「상법」 제400조에 따른 이사의 회사에 대한 책임의 감면에 관한 사항, 4. 「상법」 제409조 제1항, 제415조 및 제542조의10에 따른 감사의 선임 및 해임에 관한 사항, 5. 「상법」 제438조에 따른 자본금 감소의 결의에 관한 사항, 6. 「상법」 제462조 제2항에 따른 이익배당에 관한 사항, 7. 「상법」 제518조에 따른 해산의 결의에 관한 사항, 8. 「상법」 제542조의12에 따른 감사위원회위원의 선임 및 해임에 관한 사항

사하게 할 수 있다(벤처기업법 제16조의16 제1항, 동법 시행령 제11조의11). 또한, 누구든지 복수의결권주식에 관한 규정에 위반되는 사실이 있다고 인정할 때에는 그 사실을 중소벤처기업부장관에게 신고할 수 있다(벤처기업법 제16조의16 제2항). 그리고 벤처기업법은 허위 또는 부정한 방법으로 복수의결권주식을 발행한 자는 10년 이하의 징역 또는 5천만 원 이하의 벌금에 처하도록 정하고 있다(벤처기업법 제32조). 복수의결권주식의 발행 및 변경 시 보고의무를 위반하거나 허위로 보고한 자는 500만 원 이하의 과태료를, 복수의결권주식의 발행 내역 등 비치 및 공시의무를 위반한 경우에는 300만 원 이하의 과태료를 부과한다(벤처기업법 제33조).

다. 의의 및 시사점

복수의결권주식 제도의 도입으로 대규모 자금 조달의 수요가 있는 벤처기업이 지분 희석에 대한 부담 없이 투자를 유치하여 보다 적극적으로 성장에 전념할 수 있게 되었다. 또한 pre-IPO 투자자들도 지분율이 낮은 최대주주의 경영 안정성 확보를 위해 최대주주와 함께 일정 기간 보호예수를 해야 하는 부담을 일정 부분 해소할 수 있다. 다만 복수의결권주식을 발행한 비상장 벤처기업이 상장할 경우 상장 후 3년(복수의결권주식의 존속기간이 그 전에 만료되는 경우에는 그 만료일의 다음 날)이 경과한 시점에 복수의결권주식이 보통주로 전환되므로 창업주의 지배력 유지에 충분하다고 보기는 어렵다. 따라서 복수의결권 주식을 발행한 기업으로서는 IPO 과정에서 적절한 지배구조를 설계하고, 상장 이후 안정적인 경영권 유지를 위한 전략을 모색할 필요성은 여전히 높을 것으로 생각된다.

Ⅱ.3

주식매수선택권 관련 쟁점

1. 주식매수선택권 관련 규정 개관

가. 주식매수선택권의 의의

주식매수선택권은 "회사의 설립 · 경영 및 기술혁신 등에 기여하거나 기여할 수 있는 회사의 이사, 집행임원, 감사 또는 피용자에게 미리 약정된 가액으로 신주를 인수하거나 자기의 주식을 매수할 수 있는 권리를 부여하는 것"을 의미한다(상법 제340조의2 제1항). 주식매수선택권은 미국의 스톡옵션(stock option) 제도를 수용한 것으로, 업적 연동형 보수의 성격을 가진다.[19]

주식매수선댁권 제도는 상장법인에 대한 특례로 상장법인과 협회등록법인에 한하여 이용할 수 있도록 1997년 舊증권거래법에 도입되었으나,[20] 그 적용 범위와 부여 대상자 등이 확대되어 현재 회사의 상장여부를 불문하고 다수의 주식회사에서 이용

19) 권순일, 주석상법[회사2](제6판), 한국사법행정학회(2021), 537면; 주식회사법대계I 제4판, 한국상사법학회, 755면.

20) 당시에는 주식매입선택권이라는 용어가 사용되었다.

되고 있다. 특히, Pre-IPO 투자나 IPO 등을 통해 대규모 자본을 유치하기 이전 단계인 회사의 경우, 인재 채용 및 인재 관리를 위해 주식매수선택권 제도를 이용하고 있으며, 외부전문가로부터 도움을 받기 위해 주식매수선택권 제도를 이용하는 경우도 쉽게 찾아볼 수 있다. 회사의 입장에서는 인재 채용 및 인재 관리 등에 필요한 보수 지급을 최소화할 수 있으며, 주식매수선택권을 받은 임직원의 의욕과 사기를 높일 수 있다는 점에서 회사의 경쟁력 강화에 기여할 수 있기 때문이다. 이러한 이유로 인하여, 상장예비심사를 앞둔 회사(이하 '심사대상회사')의 임직원이 심사대상회사의 주식매수선택권을 보유하고 있는 경우를 흔히 볼 수 있다.

한편, 거래소는 상장예비심사 시 심사대상회사의 주식매수선택권 부여내역 및 임직원의 주식매수선택권 행사내역을 확인하고 주식매수선택권 부여 및 행사가 적법한지 여부를 검토하고 있으며, 일정한 경우 부적법하게 부여된 주식매수선택권을 부여 취소하도록 안내하고 있다. 앞서 살펴본 바와 같이, 회사는 주로 인재 채용 및 인재 관리 등을 위해 주식매수선택권 제도를 이용하고 있는데, 주식매수선택권 부여 및 행사에 관하여 법률을 준수하지 않을 경우, 이러한 주식매수선택권이 상장에 걸림돌이 되거나, 회사와 임직원 간 분쟁의 원인이 되기도 한다. 따라서 회사 및 경영진은 전문가의 도움을 받아 주식매수선택권을 적법하게 부여할 필요가 있으며, 임직원이 부여받은 주식매수선택권을 적법하게 행사할 수 있도록 안내할 필요가 있다.

나. 주식매수선택권 근거 법령

회사의 주식매수선택권에 관하여는 기본적으로 상법 제340조의2 내지 제340조의5가 적용된다. 한편, 상법은 상장회사의 특수성을 고려하여 주식매수선택권에 관한 특례규정(상법 제542조의3)을 마련하고 있으므로, 상장회사에 관하여는 상법 제542조의3이 적용된다. 나아가 벤처기업법 제16조의3 내지 제16조의6은 벤처기업의 주식매수선택권에 관한 특례를 정하고 있다. 특히, 위 특례가 적용되는 벤처기업은 비상장 벤처기업을 의미한다는 점에 유의할 필요가 있다.[21]

21) 벤처기업법 제15조 제1항은 벤처기업을 정의하면서, 증권시장에 상장된 법인을 제외하고 있으며, 이러한 벤처기업에 관한 정의를 벤처기업법 제16조의3 내지 제16조의6에서 원용하고 있다. 참고로, 금융위원회는 코넥스시장도 자본시장법 상 증권시장에 해당한다고 보고 있으므로, 비상장 벤처기업이란 유가증권시장, 코스닥시장, 코넥스시장에 상장되지 않은 벤처기업을 의미한다고 해석

요약하자면, 현행 법령 체계 상 주식매수선택권 제도는 ① 비상장회사의 주식매수선택권(상법 제340조의2 내지 제340조의5), ② 비상장 벤처기업의 주식매수선택권(벤처기업법 제16조의3 내지 제16조의6), ③ 상장회사의 주식매수선택권(상법 제542조의3)으로 구분되어, 각 규정이 마련되어 있다.

2. 주식매수선택권 부여 및 행사 절차 일반

가. 부여 상대방

1) 비상장회사

비상장회사는 원칙적으로 회사의 설립 · 경영 및 기술혁신 등에 기여하거나 기여할 수 있는 회사의 이사, 집행임원, 감사 또는 피용자에게 주식매수선택권을 부여할 수 있다(상법 제340조의2 제1항 본문). "회사의 설립 · 경영 및 기술혁신 등에 기여"한다는 문언은 매우 일반적인 내용이므로, 회사는 소속 임직원에게 주식매수선택권을 부여할 수 있는 폭넓은 재량이 있다고 볼 수 있다.[22] 다만, 임직원이 (i) 의결권 없는 주식을 제외한 발행주식총수의 10% 이상을 가진 주주이거나, (ii) 이사 · 집행임원 · 감사의 선임과 해임 등 회사의 주요 경영사항에 대하여 사실상 영향력을 행사하는 자이거나, (iii) 위 (i) 및 (ii)에 규정된 자의 배우자 또는 직계존 · 비속에 해당할 경우, 해당 임직원에게는 주식매수선택권을 부여할 수 없다는 점에 유의하여야 한다(상법 제340조의2 제2항).

한편, 회사는 정관을 통해 주식매수선택권을 부여받을 수 있는 자격요건을 정할 수 있다(상법 제340조의3 제1항 제3호). 즉, 어떤 임직원이 회사의 정관에서 정한 자격요건을 충족하지 못하는 경우, 해당 임직원에게 주식매수선택권을 부여하는 것은 정관을 위반하여 부적법한 행위로 평가될 것이다. 따라서 회사는 임직원에게 주식매수

하는 것이 일반적이다. 벤처기업법의 소관부처인 중소벤처기업부의 해석 역시 동일하다.

22) 권순일, 주석상법 [회사2](제6판), 한국사법행정학회(2021), 540면.

선택권을 부여하기 전에, 해당 임직원이 상법상 요건과 정관상 요건을 모두 충족하는지 반드시 검토하여야 한다.

2) 비상장 벤처기업

벤처기업법은 주식매수선택권의 부여 상대방을 크게 확대하고 있다. 이에 따라 비상장 벤처기업은 당해 벤처기업의 임직원뿐만 아니라, 벤처기업이 인수한 기업[23]의 임직원 및 해당 벤처기업이 필요로 하는 전문성을 보유한 일정한 전문가[24]에게도 주식매수선택권을 부여할 수 있다. 다만, 해당 벤처기업의 최대주주 및 그 특수관계인과 주요주주 및 그 특수관계인에게는 주식매수선택권을 부여할 수 없다는 점에 유의할 필요가 있다(벤처기업법 제16조의3 제1항, 동법 시행령 제11조의3 제3항, 제4항, 상법 시행령 제30조 제2항).[25]

또한, 벤처기업이 위와 같은 특례를 적용하여 주식매수선택권의 부여 상대방을 확대하기 위해서는 반드시 정관에 그 근거를 마련하여야 한다. 특히, 벤처기업이 정관을 정비하면서 한국상장회사협의회가 발행한 「상장회사 표준정관」(이하 '표준정관')을 도입하는 경우가 있는데, 표준정관은 벤처기업법상 주식매수선택권 부여에 관한 특례를 반영하지 않고 있으므로, 비상장 벤처기업이 표준정관을 그대로 도입할 경우

---

23) 이때 '벤처기업이 인수한 기업'에 해당하기 위해서는, 벤처기업이 해당 기업 발행주식총수의 30%를 초과하여 취득하여야 한다(벤처기업법 제16조의3 제1항 제2호).

24) 일정한 전문가란 다음에서 정한 자를 의미한다(벤처기업법 시행령 제11조의3 제4항, 벤처기업법 시행규칙 제4조의3).
① 벤처기업이 필요로 하는 분야에서 10년 이상의 실무경력을 갖춘 자
② 벤처기업이 필요로 하는 분야에서 박사학위를 취득한 자 또는 석사학위 취득 후 5년 이상의 실무경력을 갖춘 자
③ 변호사, 공인회계사, 기술사 등 일정한 전문자격을 갖춘 자
④ 벤처기업이 자본금의 30% 이상을 출자하고 최다출자자로 있는 외국법인의 임직원
⑤ 벤처기업이 자본금 또는 출자총액의 30% 이상을 출자하고 최다출자자로 있는 법인의 기술혁신을 위한 연구개발활동을 하는 외국 연구소의 연구원
⑥ 국공립 연구기관 등 일정한 연구기관 또는 연구소

25) 참고로 벤처기업법 및 상법에 의하면, 해당 벤처기업 및 해당 벤처기업이 인수한 기업의 임원이 됨으로써 특수관계인에 해당하게 된 자에게는 주식매수선택권을 부여할 수 있는 것으로 해석된다(벤처기업법 제16조의3 제1항, 동법 시행령 제11조의3 제3항, 제4항, 상법 시행령 제30조 제2항 단서).

주식매수선택권 부여에 관한 벤처기업법상 특례를 이용하기 어려워진다. 따라서 벤처기업법상 특례를 이용하고자 하는 벤처기업은 정관 변경 시에 이 점을 유의하여야 한다.

나아가, 벤처기업이 외부 투자자로부터 투자를 유치한 내역이 있는 경우, 관련 투자 계약상 주식매수선택권 부여에 관한 제한은 없는지 확인할 필요가 있다. 벤처기업에 투자하는 투자자는 일반적으로 자신의 지분율이 희석되는 것을 방지하기 위하여 다양한 장치를 마련하는데, 이러한 장치의 일환으로 투자 대상회사의 주식매수선택권 부여 제한 조항을 두기도 한다. 만약 투자 계약상 벤처기업이 "상법"에 따라 주식매수선택권을 부여할 수 있는 것으로 규정되어 있다면, 해당 벤처기업은 벤처기업법상 특례를 이용하기 전에 투자자와 별도 협의를 하여야 할 것이다.

따라서 비상장 벤처기업이 벤처기업법상 특례를 이용하여 주식매수선택권을 부여하고자 하는 경우, 그 부여 상대방이 벤처기업법상 요건과 정관상 요건을 모두 충족하는지 반드시 검토하여야 하며, 투자 계약 등도 함께 검토할 필요가 있다.

3) 상장회사

상장회사의 경우, 해당 상장회사 소속 임직원 외에 관계회사의 임직원에게도 주식매수선택권을 부여할 수 있다(상법 제542조의3 제1항 본문). 이때 관계회사란 (i) 해당 상장회사가 총출자액의 30% 이상을 출자하고 최대출자자로 있는 외국법인으로서 해당 상장회사의 수출실적에 영향을 미치는 생산 또는 판매 업무를 영위하거나 기술혁신을 위한 연구개발활동을 수행하는 외국법인, (ii) 위 (i)의 외국법인이 총출자액의 30% 이상을 출자하고 최대출자자로 있는 외국법인과 그 법인이 총출자액의 30% 이상을 출자하고 최대출자자로 있는 외국법인으로서 해당 상장회사의 수출실적에 영향을 미치는 생산 또는 판매 업무를 영위하거나 기술혁신을 위한 연구개발활동을 수행하는 외국법인, (iii) 해당 상장회사가 금융지주회사법에서 정하는 금융지주회사인 경우, 그 자회사 또는 손자회사 중 상장회사가 아닌 법인을 의미한다(상법 시행령 제30조 제1항).

다만, 상장회사 또는 그 관계회사의 임직원이라 하더라도, 그가 (i) 해당 상장회사의 최대주주 및 그 특수관계인에 해당하거나, (ii) 해당 상장회사의 주요주주 및 그 특수관계인에 해당할 경우, 주식매수선택권 부여 상대방이 될 수 없음에 유의하여야

한다(상법 제542조의3 제1항 단서, 상법 시행령 제30조 제2항).[26]

나. 부여 한도와 행사기간

1) 부여한도

주식매수선택권을 부여할 수 있는 법령상 한도는 (i) 비상장회사의 경우 발행주식총수의 100분의 10(상법 제340조의2 제3항), (ii) 비상장 벤처기업의 경우 발행주식총수의 100분의 50(벤처기업법 제16조의3 제3항 본문),[27] (iii) 상장회사의 경우 발행주식총수의 100분의 15(상법 제542조의3 제2항, 상법 시행령 제30조 제3항)이며, 회사는 위 각 법령상 한도 내에서 정관에 구체적인 부여 한도를 정하여야 한다.

한편, 정관으로 정한 주식매수선택권의 부여 한도는 1회적으로 수권된 것으로 정관으로 정한 한도까지 행사된 후에는 이를 근거로 재차 부여할 수 없고, 정관변경이 필요하다고 보는 것이 일반적이다.[28] 예를 들어 발행주식총수가 1,000주인 비상장회사가 정관으로 주식매수선택권 부여한도를 5%로 정했다면, 해당 비상장회사는 소속 임직원에게 총 50주에 달하는 주식매수선택권을 부여할 수 있을 것이다. 이때 해당 비상장회사가 소속 임직원에게 50주에 달하는 주식매수선택권을 부여하고 임직원이 주식매수선택권을 모두 행사하였다면, 현재 잔여 주식매수선택권이 없으므로 해당 비상장회사가 발행주식총수의 5%의 범위에서 다시 주식매수선택권을 부여할 수 있다고 생각할 수 있다. 그러나 해당 비상장회사는 정관으로 정한 부여 한도를 모두 소진하였으므로, 정관 변경을 통해 주식매수선택권 부여 근거를 다시 마련하여야 한다.[29] 따라서 회사는 주식매수선택권을 부여하기 전에 과거 주식매수선택권을

26) 해당 상장회사 또는 관계회사의 임원이 됨으로써 특수관계인에 해당하게 된 자(그 임원이 계열회사의 상무에 종사하지 아니하는 이사 · 감사인 경우를 포함함)에게는 주식매수선택권을 부여할 수 있다(상법 시행령 제30조 제2항 단서).

27) 다만, 벤처기업이 외부 전문가에게 주식매수선택권을 부여할 경우에는 발행주식총수의 100분의 10을 초과하여 주식매수선택권을 부여할 수 없다(벤처기업법 제16조의3 제3항 단서).

28) 권순일, 주석상법 [회사2](제6판), 한국사법행정학회(2021), 543면; 주식회사법대계I 제4판, 한국상사법학회(2022), 762면.

29) 다만, 중소벤처기업부는 주식매수선택권의 부여 한도에 관하여, 상법 학계의 일반적 해석과 다르게 해석하고 있는 것으로 파악된다. 중소벤처기업부는 주식매수선택권을 부여할 수 있는 잔여한도는 정관에서 정하고 있는 부여한도에서 아직 행사 · 취소되지 않은 주식매수선택권의 수를 뺀 것을 의미한다고 설명하고, 이러한 잔여한도가 0주 남아있는 상황에서 주식매수선택권이 행사되

부여한 내역을 면밀히 검토하여, 법령 및 정관에서 정한 부여한도를 준수할 수 있도록 부여 수량을 조절할 필요가 있다.

나아가 회사가 외부 투자자와 체결한 투자 계약상 주식매수선택권 부여 한도를 규정하고 있는 조항이 있다면, 회사는 위 부여 한도를 초과하지 않도록 부여 수량을 조절하여야 할 것이며, 그 외 정관 및 투자 계약상 특정 1인에 대한 주식매수선택권 부여 한도를 정하고 있다면, 각 부여 대상자별로 부여 수량을 검토할 필요도 있다.

참고로, 중소벤처기업부는 비상장 벤처기업 특례를 이용하여 발행주식총수의 100분의 15를 초과하여 주식매수선택권을 부여한 비상장 벤처기업이 상장한 경우, 그 초과분이 모두 소진될 때까지 신규 주식매수선택권 부여를 금지하고 있다. 따라서 상장을 준비 중인 비상장 벤처기업은 이러한 규제를 고려하여 주식매수선택권 제도를 설계할 필요가 있다.

2) 행사기간

회사가 임직원에게 주식매수선택권을 부여할 때, 임직원이 주식매수선택권을 행사할 수 있는 기간을 정하여야 한다(상법 제340조의3 제2항 제4호, 벤처기업법 제16조의4 제2항 제3호).[30] 상법 및 벤처기업법은 주식매수선택권의 행사기간에 관하여 별도의 규정을 두고 있지 않다. 다만, 주식매수선택권을 부여받은 자는 원칙적으로 해당 주식매수선택권 부여를 위한 주주총회(또는 이사회)결의일부터 2년 이상 재임 또는 재직하여야 이를 행사할 수 있으므로(상법 제340조의4 제1항, 상법 제542조의3 제4항, 벤처기업법 제16조의5 제1항 본문), 행사기간의 시기(始期)에 대한 제한은 존재한다.

또한, 회사는 주식매수선택권의 행사기간에 관한 규정을 정관에 마련하여야 하므로(상법 제340조의3 제1항 제4호, 벤처기업법 제16조의4 제1항 제4호), 주식매수선택권을

거나 취소되면 별도의 질차 없이 행사분 또는 취소분만큼 잔여한도가 복구된다고 안내하고 있다(「2024 비상장 벤처기업을 위한 주식매수선택권 매뉴얼(제4판)」, 중소벤처기업부, 79면). 즉, 중소벤처기업부는 상법 학계의 일반적 견해와 달리, 정관으로 정한 주식매수선택권의 부여 한도가 1회적으로 수권된 것이 아니라고 보고 있으며, 기부여된 주식매수선택권이 행사되어 소멸되면, 다시 동일한 정관 규정을 근거로 새로운 주식매수선택권을 부여할 수 있다고 해석하는 것으로 파악된다. 따라서 벤처기업법에 따른 주식매수선택권 부여시, 정관상 한도의 해석에 관하여 불분명한 점이 있으므로, 법률전문가의 조언을 받아 주식매수선택권을 부여하는 것이 바람직하다.

30) 예를 들어, "주주총회의 결의일부터 2년 후 5년 내에 행사하여야 한다"와 같이 행사기간을 특정한다.

부여하기 전에 해당 정관 규정을 준수하고 있는지 검토할 필요가 있다.

다. 행사가액

1) 비상장회사

상법에 의하면, (i) 신주인수권형[31]으로 주식매수선택권을 부여하는 경우 그 행사가액은 부여일을 기준으로 한 주식의 실질가액과 주식의 액면가(무액면주식을 발행한 경우에는 자본으로 계상되는 금액 중 1주에 해당하는 금액) 중 높은 금액 이상이어야 하고, (ii) 자기주식교부형[32]으로 부여하는 경우 행사가액은 부여일을 기준으로 한 주식의 실질가액 이상이어야 한다(상법 제340조의2 제4항).

다만, 상법은 행사가액의 기준이 되는 "실질가액"의 의미에 대해 명문의 정의규정을 마련하지 않고 있다. 따라서 비상장회사가 소속 임직원에게 주식매수선택권을 부여할 때, 해당 주식매수선택권의 행사가액이 부여일 낭시 회사의 실질가액보다 높다는 사실을 소명할 수 있는 자료를 사전에 구비하는 것이 바람직하다. 특히 주식매수선택권 부여일과 근접한 시기에 회사가 제3자배정 방식으로 유상증자를 진행하였고, 주식매수선택권의 행사가액과 유상증자의 발행가액 간의 괴리가 크다는 등의 사정이 있다면, 거래소는 행사가액의 적정성에 관하여 소명을 요청할 가능성이 있다. 그러므로 상장을 고려하고 있는 회사라면, 주식매수선택권 부여 시 행사가액을 신중히 결정할 필요가 있으며, 미리 행사가액 결정 방식에 관한 소명 자료를 구비할 필요가 있다.

2) 비상장 벤처기업

벤처기업법에 의하면, 비상장 벤처기업이 (i) 신주발행형으로 주식매수선택권을 부여하는 경우 그 행사가액은 원칙적으로 부여일을 기준으로 한 주식의 시가와 주식의 액면가(무액면주식을 발행한 경우에는 자본으로 계상되는 금액 중 1주에 해당하는 금액) 중 높은 금액 이상이어야 하고, (ii) 자기주식교부형 또는 차액정산형으로 부여하는

31) 주식매수선택권을 부여받은 자가 주식매수선택권을 행사한 경우, 회사가 행사자에게 신주를 발행하는 형태를 의미한다.

32) 주식매수선택권을 부여받은 자가 주식매수선택권을 행사한 경우, 회사가 행사자에게 자기주식을 교부하는 형태를 의미한다

경우 행사가액은 부여 당시 시가 이상이어야 한다(벤처기업법 제16조의3 제4항). 또한, 벤처기업법은 상법과 달리 행사가액의 기준이 되는 "시가"를 정의하고 있으므로, 비상장 벤처기업은 행사가액 설정 시 이 점에 유의할 필요가 있다.[33]

한편 벤처기업법은 벤처기업이 (i) 신주인수권형으로 주식매수선택권을 부여하면서, (ii) 일정한 요건[34]을 모두 충족하는 경우에는 위 원칙에도 불구하고 주식매수선택권 행사가격을 부여 당시 시가보다 낮은 가액으로 정할 수 있도록 예외 규정을 두고 있다(벤처기업법 제16조의3 제5항, 동법 시행령 제11조의3 제5항). 따라서 벤처기업은 소속 임직원 및 인수기업의 임직원에게 주식매수선택권을 저가로 부여(주식매수선택권의 행사가액을 부여 당시 시가보다 낮게 정하는 것)할 수 있을 것이다. 다만, 이 경우 거래소는 해당 벤처기업에 대한 상장예비심사 시 주식매수선택권 저가 부여가 적법하였는지 여부를 검토할 것이므로, 벤처기업은 그 소명자료를 구비하여야 할 것이며, 저가 부여로 인한 이득액[35]이 임직원 1인당 5억 원을 넘지 않도록 할 필요가 있다.

3) 상장회사

상법은 상장회사의 주식매수선택권 행사가액에 관하여 별도의 특례 규정을 마련하지 않고 있다. 따라서 비상장회사의 주식매수선택권 행사가액에 관한 상법 규정(상법 제340조의2 제4항)이 동일하게 적용된다.

---

33) 벤처기업법은 주식매수선택권 행사가격 설정에 필요한 주식의 시가는 「상속세 및 증여세법」('상증세법') 제60조 및 상증세법 시행령 제49조를 준용하여 평가하도록 정하고 있다. 예를 들어, 만약 주식매수선택권 부여일 전 6개월 이내의 기간 중 제3자 간 매매거래(특수관계인 간의 거래가 아닌 거래)가 있었던 경우(단, 해당거래 금액이 액면가액의 합계액으로 계산한 해당 회사의 발행주식총액의 100분의 1에 해당하는 금액과 3억 원 중 더 적은 금액 미만인 경우에는 제외), 그 제3자 간 매매거래 가액은 시가로 간주되므로(상증세법 제60조 제2항, 동법 시행령 제49조 제1항 제1호), 주식매수선택권 행사가격 설정 시 과거 매매거래 내역을 확인할 필요가 있다.

34) 일정한 요건이란 다음의 각 요건을 의미한다.
① 주식매수선택권의 행사가격이 해당 주식의 액면가 이상일 것
② 주식매수선택권을 부여받는 자가 벤처기업의 임직원 또는 벤처기업이 인수한 기업의 임직원일 것
③ 신주발행형 주식매수선택권일 것
④ 주식매수선택권을 부여받는 자가 낮은 행사가격으로 부여받았거나, 부여받을 각 주식매수선택권에 대하여 다음 계산식에 따라 계산한 금액의 합계가 5억 원 이하일 것
*계산식 = [(부여일 기준 주식의 시가 - 행사가격) × (주식매수선택권 행사대상 주식 수)]

35) [(부여일 기준 주식의 시가 - 행사가격) × (주식매수선택권 행사대상 주식 수)]

다만, 상장회사의 경우 유가증권시장 또는 코스닥시장에서 형성된 주가가 존재하므로, 이를 근거로 행사가액을 결정하는 것이 일반적이다. 특히, 다수의 상장회사는 상장회사 주식매수청구권의 매수가격 산정방식에 관한 자본시장법 규정(자본시장법 제165조의5 제3항, 동법 시행령 제176조의7 제3항)[36]을 유추하여, 그 행사가액을 결정하고 있는 것으로 보인다.

라. 정관 정비 및 주주총회 특별결의

1) 정관 정비

비상장회사, 비상장 벤처기업, 상장회사는 정관에 주식매수선택권에 관한 근거 규정을 반드시 마련하여야 한다(상법 제340조의2 제1항, 벤처기업법 제16조의3 제1항). 또한 비상장회사, 비상장 벤처기업, 상장회사는 주식매수선택권에 관한 정관 규정을 제정할 때 반드시 (i) 일정한 경우 주식매수신택권을 부여할 수 있다는 뜻, (ii) 주식매수선택권의 행사로 발행하거나 양도할 주식의 종류와 수, (iii) 주식매수선택권을 부여받을 자의 자격요건, (iv) 주식매수선택권의 행사기간, (v) 일정한 경우 이사회 결의로 주식매수선택권의 부여를 취소할 수 있다는 뜻을 포함하여야 한다(상법 제340조의3 제1항, 벤처기업법 제16조의4 제1항).

나아가 앞서 살펴본 바와 같이, 비상장 벤처기업이 벤처기업법상 특례를 이용하거나, 상장회사가 상장회사 특례를 이용하고자 하는 경우, 정관에 그 근거를 반드시 마련하여야 한다. 특히 개정 벤처기업법은 비상장 벤처기업의 주식매수선택권에 관하여는 벤처기업법이 상법에 우선하여 적용된다고 정하고 있는데(벤처기업법 제16조의6 제3항[37]), 중소벤처기업부는 이를 근거로 비상장 벤처기업의 경우 (상법이 아닌)

---

36) 자본시장법은 상장회사 주식매수청구권의 매수가격을 다음의 각 가격을 산술평균하여 구하도록 정하고 있다(자본시장법 시행령 제176조의7 제3항).

① 결의일 전일부터 과거 2개월 간 공표된 매일의 증권시장에서 거래된 최종시세가격을 실물거래에 의한 거래량을 가중치로 하여 가중산술평균한 가격

② 결의일 전일부터 과거 1개월 간 공표된 매일의 증권시장에서 거래된 최종시세가격을 실물거래에 의한 거래량을 가중치로 하여 가중산술평균한 가격

③ 결의일 전일부터 과거 1주일 간 공표된 매일의 증권시장에서 거래된 최종시세가격을 실물거래에 의한 거래량을 가중치로 하여 가중산술평균한 가격

37) 해당 조항은 2023. 1. 3. 개정된 벤처기업법(법률 제19178호)에서 신설되어 2023. 7. 4. 부터 현

벤처기업법에 따라 주식매수선택권을 부여해야 한다고 안내하고 있다.[38)39)] 따라서 현재 정관상 주식매수선택권 근거법률을 상법으로 명시하고 있는 비상장 벤처기업은 주식매수선택권을 부여하기 전 정관을 정비하여, 그 근거법률을 벤처기업법으로 변경하는 것이 바람직할 것으로 판단된다.

2) 주주총회 특별결의

주식매수선택권을 부여하기 위해서는 원칙적으로 주주총회의 특별결의가 필요하며(상법 제340조의2 제1항, 벤처기업법 제16조의3 제1항), 회사는 주식매수선택권 부여를 위한 주주총회에서 (i) 주식매수선택권을 부여받을 자의 성명, (ii) 주식매수선택권의 부여방법, (iii) 주식매수선택권의 행사가액, (iv) 주식매수선택권의 행사기간, (v) 주식매수선택권을 부여받을 자 각각에 대하여 주식매수선택권의 행사로 내줄 주식의 종류와 수를 정하여야 한다(상법 제340조의3 제2항, 벤처기업법 제16조의4 제2항). 이때 주주총회 특별결의란 출석한 주주 의결권의 3분의 2 이상의 찬성과 발행주식총수의 3분의 1 이상의 찬성으로 하는 주주총회 결의를 의미한다(상법 제434조). 주식매수선택권 부여를 위한 주주총회 특별결의에 하자가 있어, 그 결의의 효력에 관하여 분쟁이 발생하고, 사후적으로 그 결의가 취소되거나 무효 또는 부존재한 것으로 확인될 경우, 해당 주주총회 특별결의를 바탕으로 체결한 주식매수선택권 부여계약은 무효로 평가된다.[40)] 따라서 회사는 주식매수선택권 부여를 위한 주주총회 소집 및 결의 시, 법령 및 정관을 모두 준수하여야 할 것이다.

한편, 상장회사는 정관에 근거 규정을 두는 경우, 일정한 한도[41)]까지 (주주총회 특

재까지 시행되고 있다.

38) 2024 비상장 벤처기업을 위한 주식매수선택권 매뉴얼(제4판), 중소벤처기업부(2024), 75면.

39) 참고로, 중소벤처기업부는 벤처기업법이 2023. 1. 3. 법률 제19178호로 개정되기 전, “비상장 벤처기업이 활용할 수 있는 수식매수선택권 근거 규정은 상법 및 벤처기업법”이라고 안내하고 “두 법 중 어떤 법을 근거로 주식매수선택권을 부여할지는 해당 기업의 자율에 맡겨져 있다”고 안내하고 있었다(「2023 비상장 벤처기업을 위한 주식매수선택권 매뉴얼(제2판)」, 중소벤처기업부, 75면).

40) 대법원 2011. 10. 13. 선고 2009다2996 판결 등.

41) 일정한 한도란 다음 기준에 따른 주식 수 한도를 의미함.

(i) 최근 사업연도 말 현재의 자본금이 3천억 원 미만인 법인: 발행주식총수의 3%에 해당하는 주식 수

(ii) 최근 사업연도 말 현재의 자본금이 3천억 원 이상인 법인: 발행주식총수의 1%에 해당하는 주

별결의가 아닌) 이사회 결의로 주식매수선택권을 부여할 수 있다(상법 제542조의3 제3항 전단).[42] 또한 비상장 벤처기업이 소속 임직원 또는 인수기업 임직원 이외의 자(일정한 전문가)에게 주식매수선택권 총수의 20% 이내(발행주식총수의 20% 이내가 아니라는 점에 유의하여야 함)에서 주식매수선택권을 부여하려고 하는 경우, 주주총회 결의사항의 일부를 이사회에 위임할 수 있다(벤처기업법 제16조의4 제3항 전단).[43] 다만, 상장회사가 이사회 결의로 주식매수선택권을 부여하거나, 비상장 벤처기업의 주주총회가 일정한 사항을 이사회에 위임하고 이사회에서 주식매수선택권의 구체적 내용을 정한 경우, 해당 상장회사 및 비상장 벤처기업은 주식매수선택권을 부여한 후 처음으로 소집되는 주주총회에서 승인을 받아야 한다(상법 제542조의3 제3항 후단, 벤처기업법 제16조의4 제3항 후단).

나아가 앞서 살펴본 바와 같이, 회사가 외부 투자자로부터 투자를 유치한 내역이 있는 경우, 관련 투자 계약상 주식매수선택권 부여에 관한 제한이 있는 경우가 있다. 이 경우 투자자와의 법적 분쟁을 사전에 방지하기 위하여, 주주총회와는 별도로, 투자자와 사전 협의를 거치는 것이 바람직할 것이다.

마. 기타 부여 절차

회사는 주주총회의 결의에 의하여 주식매수선택권을 부여받은 자와 계약을 체결하고 상당한 기간 내에 계약서를 작성하여야 한다(상법 제340조의3 제3항). 주주총회의 결의는 회사의 의사결정 절차에 불과하므로, 주식매수선택권 부여 계약이 없으면 주식매수선택권의 부여가 인정되지 않는다고 보는 것이 일반적이다.[44] 따라서 회사

식 수

42) 다만, 해당 회사의 이사에 대하여는 이사회 결의로 주식매수선택권을 부여할 수 없다.

43) 이사회에 위임가능한 주주총회 결의사항은 다음과 같다(벤처기업법 제16조의4 제3항, 제16조의4 제2항).

(i) 주식매수선택권을 부여받을 자의 성명이나 명칭

(ii) 주식매수선택권의 부여 방법

(iii) 주식매수선택권의 행사 가격과 행사 기간

(iv) 주식매수선택권을 부여받을 자 각각에 대하여 주식매수선택권의 행사로 내줄 주식의 종류와 수

44) 주식회사법대계I 제4판, 한국상사법학회(2022), 766면; 권순일, 주석상법 [회사2](제6판), 한국사법행정학회(2021), 542면.

는 주식매수선택권 부여에 관한 주주총회 결의 이후, 그 부여 대상자와 부여 계약을 체결할 필요가 있다. 아울러, 회사는 주식매수선택권 부여 계약서를 그 행사기간이 종료할 때까지 본점에 비치하고 주주로 하여금 영업시간 내에 이를 열람할 수 있도록 할 의무가 있다는 점에 유의할 필요가 있다(상법 제340조의3 제4항).

비상장 벤처기업은 주식매수선택권을 부여하거나 취소 또는 철회하는 결의를 한 경우, 중소벤처기업부장관에게 그 내용을 신고하여야 한다(벤처기업법 제16조의6 제1항, 동법 시행령 제11조의5). 과거 벤처기업법에 의하면, 비상장 벤처기업은 주식매수선택권을 부여하는 내용의 결의를 한 경우에만 신고 의무를 부담하였으나, 현행 벤처기업법에 의하면, 비상장 벤처기업이 주식매수선택권 부여를 취소하거나 철회하는 내용의 결의를 한 경우에도 신고 의무를 부담한다는 점에 유의하여야 한다.

상장회사는 주식매수선택권 부여를 위한 주주총회 또는 이사회 결의 후, 그 내용을 금융위원회와 거래소에 신고하여야 한다(자본시장법 제165조의17 제1항, 동법 시행령 제176조의18 제1항).

바. 주식매수선택권 행사 등 사후 처리

임직원 등이 부여받은 주식매수선택권을 행사할 경우, 해당 임직원 등은 회사 내부규정에서 정하는 바에 따라 그 행사가액을 납입하여야 하며, 납입을 한 때에 회사의 주주가 된다(상법 제340조의5, 제516조의10 전단). 또한, 회사가 임직원 등의 주식매수선택권 행사에 따라 신주를 발행하였다면, 신주발행일부터 2주 내에 변경등기를 완료하여야 한다(상법 제340조의5, 제351조).

한편, 임직원 등에게 부여된 주식매수선택권은 해당 임직원 등의 행사를 통해 소멸되기도 하나, 임직원의 퇴사 등의 사유로 그 부여가 취소되기도 한다. 특히, 앞서 살펴본 바와 같이, 주식매수선택권을 부여받은 임직원은 원칙적으로 2년 이상 재임하거나 재직하여야 이를 행사할 수 있다. 비상장회사의 경우, 본인의 책임 아닌 사유로 퇴임 또는 퇴직하더라도 2년 이상의 재임(재직)요건을 충족하지 못한다면 주식매수선택권을 행사할 수 없다고 보고 있으나,[45] 비상장 벤처기업의 경우 주식매수선택권을 부여받은 자가 사망하거나 그 밖에 본인의 책임이 아닌 사유로 퇴임 또는 퇴

45) 대법원 2011. 3. 24. 선고 2010다85027 판결.

직한다면, 2년 이상 재임하거나 재직하지 않더라도 주식매수선택권을 행사할 수 있도록 정하고 있다(벤처기업법 제16조의5 제1항 본문, 동법 시행령 제11조의4 제1항). 따라서 실무적으로 비상장 벤처기업의 임직원이 주식매수선택권을 부여받고 2년 내에 퇴임 또는 퇴직하는 경우, 해당 임직원이 주식매수선택권을 행사할 수 있는지 여부가 자주 문제된다. 이는 결국 당해 주식매수선택권 부여 계약의 문구, 또는 퇴임 또는 퇴직에 해당 임직원의 귀책사유가 있는지 여부가 쟁점이 될 것이므로, 구체적 사실관계를 토대로 엄밀한 검토가 필요할 것이다.

3. 위법한 주식매수선택권의 효력 및 상장심사 대응방안

앞서 살펴본 ① 비상장회사, ② 비상장 벤처기업, ③ 상장회사 주식매수선택권과 관련된 주요 내용을 정리하면 다음과 같다.

구분	비상장회사	비상장 벤처기업	상장회사
근거	상법 제340조의2 내지 제340조의5	벤처기업법 제16조의3 내지 제16조의6	상법 제542조의3
부여 상대방	소속 임직원	소속 임직원 인수한 기업의 임직원 외부전문가	소속 임직원 관계회사 임직원
부여 한도	발행주식총수의 10%	발행주식총수의 50% (외부전문가: 10%)	발행주식총수의 15%
행사기간	주주총회 결의일부터 2년 이상 재임 또는 재직 필요	**(원칙)** 주주총회 결의일부터 2년 이상 재임 또는 재직 필요 **(예외)** 사망 또는 본인의 책임이 아닌 사유로 인한 퇴임 또는 퇴직	
행사가격 (신주인수권형)	실질가액과 액면가 중 높은 금액 이상	**(원칙)** 시가와 액면가 중 높은 금액 이상 **(예외)** 일정한 요건 충족 시, 시가보다 낮게 정할	실질가액과 액면가 중 높은 금액 이상 (일반적으로 실질가액 산정 시 거래소 주가

		수 있음	이용)
정관 정비	정관 내 근거 조항 필요(근거 법령 명시하는 것이 바람직함)		
결의 방법	주주총회 특별결의	주주총회 특별결의 (외부전문가에게 부여 시, 일정한 결의사항 이사회 위임 가능)	(원칙) 주주총회 특별결의 (예외) 일정한 한도 내 이사회 결의로 부여 가능
기타 절차	계약 체결 필요	계약 체결 필요 중소벤처기업부장관 신고	계약 체결 필요 일정한 공시 의무 부담

회사가 발행한 주식이 거래소 시장(유가증권시장, 코스닥시장)에 상장된 이후에는 해당 회사의 주식이 시장 참여자들 사이에서 자유로이 거래된다. 결국 주식매수선택권이란 시장 내 거래 목적물이라고 할 수 있는 주식으로 전환될 수 있는 권리이므로, 한국거래소는 상장예비심사 시 법적 리스크를 최소화하기 위하여 주식매수선택권 부여 및 행사의 적법성에 관하여 검토하게 된다. 나아가 상장예비심사를 신청한 회사가 (i) 적법하지 않은 방식으로 주식매수선택권을 부여하거나, (ii) 부적법한 주식매수선택권 행사에 응하여 주식을 발행하였다면, 경우에 따라 이는 신청회사의 내부통제시스템 문제로 비화될 수 있다.

실제 거래소 심사 사례에 의하면, (i) 거래소는 심사대상회사가 정관에서 정한 부여한도를 초과하는 수량의 주식매수선택권을 부여한 사안에서, 심사대상회사로 하여금 이사회 결의를 거쳐 그 한도 초과분을 모두 부여 취소하도록 안내한 바 있으며, (ii) 주식매수선택권의 행사가액을 주식의 실질가액보다 낮게 정한 사안에서, 심사대상회사로 하여금 이사회 결의를 거쳐 해당 주식매수선택권 전량을 취소하도록 한 바 있다. 나아가 (iii) 심사대상회사의 대표이사가 주식매수선택권의 행사요건을 충족하지 못한 상태에서 주식매수선택권을 행사하였음에도, 심시대상회사가 대표이사에게 신주를 발행한 사안에서, 대표이사로 하여금 주식매수선택권 행사로 취득한 주식 전체를 심사대상회사에 무상증여하도록 한 사례도 있는 것으로 파악된다.

다만, 주식매수선택권 부여 및 행사 절차에 발생할 수 있는 모든 종류의 하자가 동일한 위법성을 가진다고 보기 어렵다. 정관상 부여한도를 초과하였거나, 행사가액을 저가로 정한 사안은 해당 주식매수선택권 부여를 무효로 볼 만큼 그 하자가 중하다고 볼 수 있으나, 주식매수선택권 부여 절차상 경미한 하자가 발견되었다고 하여 반드시 해당 주식매수선택권 부여를 무효로 보아야만 하는 것은 아니다. 그러므로 상장예비심사를 앞둔 회사는 주식매수선택권 부여 및 행사 내역을 검토하고, 관련 하자가 발견될 경우, 그 하자의 경중을 살펴 적절한 대응방안을 마련하여야 할 것으로 판단된다.

물론 회사가 임직원 등에게 이미 부여한 주식매수선택권을 부여 취소하거나 취소 후 재부여한다면[46] 그 하자가 치유될 수 있을 것이다. 그러나 인재 관리 및 근로의욕 고취라는 주식매수선택권 제도의 의의를 살리지 못할 수 있다는 점을 반드시 고려하여야 한다. 따라서 상장예비심사를 앞둔 회사는 전문가를 통하여 주식매수선택권 부여 및 행사 내역을 꼼꼼하게 검토하고, 적절한 해결방안에 관하여 자문을 받는 것이 바람직할 것이다.

4. 주식매수선택권과 의무보유제도

가. 개관

한국거래소는 유가증권시장 또는 코스닥시장에 신규 상장되는 회사에 특별한 이해관계나 경영상 책임을 가진 자(최대주주와 그 특수관계인)가 소유한 주식 등에 대하여 일정기간 동안 처분을 제한하는 의무보유제도를 도입하고 있다. 이는 신규 상장회사의 주식 대량매도로 인한 주가 급변을 사전에 방지하고, 시장 내에서 공정한 주가가 조기에 형성될 수 있도록 지원하기 위하여 도입된 제도이다.

과거 한국거래소는 의무보유 대상자가 부여받은 주식매수선택권을 상장 전에 행사하여 취득한 주식은 일정 기간 동안 그 처분을 제한하였으나, 상장 후에 주식매수

46) 과거에 부여된 주식매수선택권을 취소하고 새로운 주식매수선택권을 부여한다면, 부여 시점이 변경되어 행사가액 산정의 기초가 되는 실질가액(또는 시가)이 변경된다는 점에 유의하여야 한다. 주식매수선택권을 부여받는 임직원 입장에서는 그 자체로 불리한 변경일 가능성이 높다.

선택권을 행사하여 취득한 주식은 그 처분을 제한하지 않고 있었다. 그러나 2021년 신규 상장회사의 임원이 상장 직후 주식매수선택권을 행사하고 그 주식을 대량 매도하는 상황이 발생하자, 유가증권시장 상장규정 및 코스닥시장 상장규정을 개정하여 주식매수선택권에 대한 의무보유제도를 대폭 변경하였다. 현재 한국거래소가 운영 중인 의무보유제도의 주요 내용은 다음과 같다.

유가증권시장 상장규정

第27조(의무보유) ① 보통주권의 신규상장과 관련하여 다음 각 호의 어느 하나에 해당하는 자는 해당 각 호에서 정하는 기간까지 자신이 소유하는 주식등을 의무보유해야 한다. 이 경우 주식등에는 해당 각 호에서 정하는 기간 이내에 주식등에 부여된 권리의 행사, 무상증자(유상증자와 무상증자를 동시에 실시하는 경우에는 무상증자만 해당한다) 및 주식배당으로 취득한 주식을 포함한다.

1. 신규상장신청인의 최대주주등(신규상장신청인의 임원에는 미등기임원을 포함한다): 상장일부터 6개월. 다만, 신규상장신청인의 최대주주가 사모집합투자기구인 경우 최대주주등에 대한 의무보유기간은 상장일부터 1년으로 한다.
2. 상장 후 주식매수선택권의 행사로 주식을 취득한 신규상장신청인의 최대주주등(이 경우 해당 취득분에 한정한다): 상장일부터 6개월(최대주주가 사모집합투자기구인 경우는 1년으로 한다)
3. 상장예비심사 신청일 전 1년 이내에 신규상장신청인이 제3자배정 방식으로 발행한 주식등을 취득한 자(이 경우 해당 취득분에 한정한다): 발행일부터 1년. 다만, 그 날이 상장일부터 6개월 이내인 경우에는 상장일부터 6개월이 되는 날까지 의무보유기간을 연장한다.
4. ~ 5. (중략)

② 제1항 제1호부터 제4호까지의 규정에도 불구하고 의무보유대상자가 상장주선인과 협의하여 요청하거나 경영투명성, 경영안정성 및 투자자 보호 등을 위하여 거래소가 필요하다고 인정하는 경우에는 해당 의무보유대상자와 협의하여 제1호부터 제4호까지의 규정에서 정하는 의무보유기간 외에 2년 이내의 범위에서 의무보유기간을 연장할 수 있다.

(후략)

코스닥시장 상장규정

제26조(신규상장 의무보유) ① 보통주식 신규상장의 경우 다음 각 호에서 정하는 바에 따라 상장신청인의 주식등을 의무보유하여야 한다. 다만, 의무보유 대상자가 상장주선인과의 협의에 따라 요청하는 경우 또는 경영투명성, 경영안정성 및 투자자 보호 등을 위하여 거래소가 필요하다고 인정하는 경우에는 의무보유 대상자와 협의하여 제1호부터 제6호까지의 규정에서 정하는 기간 외에 2년 이내의 범위에서 의무보유 기간을 연장할 수 있다.

1. 상장신청인의 최대주주등(상장신청인의 임원에는 미등기임원을 포함한다): 상장일부터 6개월(기술성장기업 또는 신속이전기업은 1년으로 한다). 다만, 특수관계인의 경우 주식보유의 목적, 최대주주와의 관계 및 경영권 변동 가능성 등을 고려하여 세칙으로 정하는 경우는 제외할 수 있다.
2. (중략)
3. 상장예비심사 신청일 전 1년 이내에 상장신청인이 제3자 배정 방식으로 발행한 주식등을 취득한 자: 상장일부터 6개월(기술성장기업 또는 신속이전기업은 1년으로 한다). 다만, 세칙으로 정하는 경우는 제외한다.
4. ~ 5. (중략)
6. 상장신청인의 최대주주등이 상장일 이후 주식매수선택권의 행사로 취득하는 주식: 상장일부터 6개월(기술성장기업 또는 신속이전기업은 1년으로 한다).
7. (후략)

현행 의무보유제도가 적용되는 국면은 주식매수선택권의 행사시점에 따라 (i) 상장예비심사신청 전 행사된 경우, (ii) 상장 이후 행사된 경우, (iii) 상장예비심사 신청 이후부터 상장 전까지 그 행사기간이 도래한 경우로 나누어 생각해 볼 수 있을 것이다. 이를 도식화하면 다음과 같다.

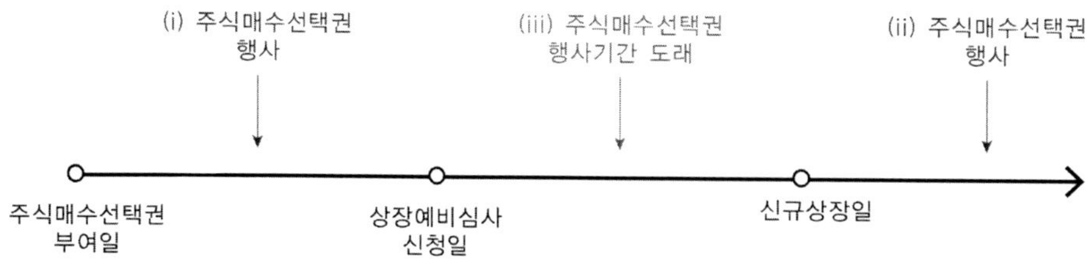

나. 상장예비심사 신청 전 행사한 경우

회사가 거래소에 상장예비심사 신청을 하기 전, 임직원이 주식매수선택권을 행사하여 주식을 취득한 경우를 의미한다.

신규 상장회사의 최대주주등은 원칙적으로 회사의 상장일부터 6개월 간(2년의 범위 내에서 기간연장 가능), 보유주식을 처분할 수 없는데(유가증권시장 상장규정 제27조 제1항 제1호, 코스닥시장 상장규정 제26조 제1항 제1호), 이때 최대주주등에는 해당 상장회사의 등기임원과 미등기임원이 포함된다(금융사지배구조법 제2조 제6호 가목, 동법 시행령 제3조 제1항, 유가증권시장 상장규정 제27조 제1항 제1호, 코스닥시장 상장규정 제26조 제1항 제1호). 즉, 회사가 거래소에 상장예비심사 신청을 하기 전에 해당 회사의 임원(미등기임원 포함)이 주식매수선택권을 행사하여 주식을 취득하였다면, 그 임원은 회사 상장일부터 6개월 간 그 주식을 처분할 수 없을 것이다.

한편, 코스닥시장 신규 상장회사가 상장예비심사 신청일 전 1년 이내에 제3자배정 방식으로 주식을 발행한 내역이 있는 경우, 그 주식을 인수한 자는 원칙적으로 상장일부터 6개월 간(2년의 범위 내에서 기간연장 가능) 해당주식을 처분할 수 없다(코스닥시장 상장규정 제26조 제1항 제3호). 이때 거래소는 주식매수선택권 행사로 발행된 신주도 제3자배정 방식으로 주식을 발행한 것과 동일하게 판단하고 있다. 즉, 상장예비심사 신청일 전 1년 이내에 회사의 직원 등이(임원을 제외한 모든 주식매수선택권 부여 대상자) 주식매수선택권을 행사하여 주식을 취득하였다면, 해당 직원 등은 회사 상장일부터 6개월(코스닥시장) 간 그 주식을 처분하기 어려울 수 있으며, 회사는 이에 관하여 사전에 거래소와 협의할 필요가 있다.

다. 상장 이후 행사한 경우

회사로부터 주식매수선택권을 부여받아 보유하고 있던 임직원이 회사 상장 이후, 주식매수선택권을 행사하여 주식을 취득한 경우를 의미한다.

상장규정에 의하면, 최대주주등이 상장일 이후 주식매수선택권의 행사로 주식을 취득할 경우, 최대주주등은 해당 주식을 상장일부터 6개월 간(2년의 범위 내에서 기간연장 가능) 처분할 수 없다(유가증권시장 상장규정 제27조 제1항 제2호, 코스닥시장 상장규정 제26조 제1항 제6호). 앞서 살펴본 바와 같이, 최대주주등에는 해당 상장회사의 등기임원과 미등기임원이 포함된다는 점을 고려할 때, 신규 상장회사의 임원(미등기임원 포함)이 의무보유 대상기간 중 주식매수선택권을 행사하여 주식을 취득하였다면, 해당 임원은 의무보유 기간이 종료될 때까지 그 주식을 처분할 수 없을 것이다.[47)]

다만, 상장규정은 최대주주등에게만 위와 같은 의무를 부여하고 있을 뿐이므로, 신규 상장회사의 직원 등은 회사 상장 직후 주식매수선택권을 행사하여 주식을 취득하더라도, 원칙적으로 이를 자유로이 처분할 수 있을 것이다.

라. 상장예비심사 신청 이후부터 상장 전까지 행사기간이 도래하는 경우

회사로부터 주식매수선택권을 부여받은 임직원이 주식매수선택권을 계속 보유하고 있는 상태에서, 회사가 상장예비심사 신청을 하고, 해당 주식매수선택권의 행사기간이 도래한 경우를 의미한다.

상장규정상 명시적인 제한은 없으나, 거래소는 상장예비심사 신청일 이후부터 신규상장일까지 상장 심사의 안정성 확보를 위해 실무상 심사대상회사의 지분변동을 제한한다. 이러한 지분변동은 신주발행을 포함하므로, 회사는 상장예비심사 신청일 이후 신규상장일까지 주식매수선택권 행사에 응하는 것이 어려울 수 있다. 다만, 회사가 상장 심사를 이유로 주식매수선택권자의 주식매수선택권 행사를 거부할 수 있는 법적 근거는 없으므로, 주식매수선택권 부여 계약에서 특별히 정하였다는 등의 사정이 없는 이상, 별도 협의가 필요할 것으로 판단된다. 따라서 회사는 상장예비심사 신청을 진행하기 전, 이미 행사기간이 도래하였음에도 행사되지 않고 남아있는 주식매수선택권이 있는지, 상장예비심사 및 본 심사 진행 중에 행사기간이 도래할 수 있는 주식매수선택권이 있는지 확인하고, 그 부여 대상자로부터 신규상장일까지 주식매수선택권을 행사하지 않겠다는 내용의 확약서를 징구하는 것이 바람직할 것이다.

한편, 행사기간이 도래하였음에도 장기간 행사되지 않고 있는 주식매수선택권의 경우, 상장예비심사 및 본 심사에 소요되는 기간을 고려하면, 회사의 신규상장일에

47) 예를 들어, 신규 상장회사의 임원이 상장일 이후 2개월이 지난 시점에 주식매수선택권을 행사하여 주식을 취득하였다면, 해당 임원은 행사일 이후 4개월(의무보유기간 6개월 가정) 동안 그 주식을 의무보유하여야 할 것이다.

그 행사기간이 만료될 가능성이 존재할 수 있다. 이 경우, 회사는 반드시 (i) 그 부여대상자와 협의하여 상장예비심사 신청 이전에 주식매수선택권을 모두 행사하도록 하거나, (ii) 해당 주식매수선택권에 한하여 상장예비심사 또는 본 심사 기간 중에 행사할 수 있도록 거래소와 사전 협의하거나, (iii) 주주총회 특별결의를 통해 해당 주식매수선택권의 행사기간을 연장하는 등, 추후 분쟁이 발생할 가능성을 사전에 해소할 필요가 있다.

마. 소결

회사로부터 주식매수선택권을 부여받은 임직원 등은 주식매수선택권을 행사하여 주식을 취득하고 회사 상장 이후 이를 매도하여, 회사 성장의 결과를 향유하고자 한다. 그러나 임직원 등이 상장 절차 및 실무를 잘 알지 못하고, 의무보호제도와 같은 관련 규제를 정확하게 인지하지 못하여, 적절한 시점에 주식매수선택권을 행사하지 않고 지나치는 경우가 빈번하다. 이 경우, 주식매수선택권이 오히려 회사의 상장에 걸림돌이 되거나, 회사와 임직원 간 분쟁의 원인이 되기도 한다. 따라서 회사는 상장 절차 및 실무와 관련 규제를 꼼꼼하게 검토하여, 주식매수선택권 행사에 차질이 생기지 않도록 상장 일정을 계획할 필요가 있으며, 상장 준비단계에서부터 임직원 등과 지속적으로 소통하여, 임직원 등이 적절한 시점에 주식매수선택권을 행사할 수 있도록 안내할 필요가 있다.

Ⅱ.4

증권신고서 미제출 이슈

1. 증권신고서 미제출

자본시장법에 의하면, 일정금액 이상[48]의 증권을 모집 또는 매출하려는 발행인은 그 모집 또는 매출에 관한 신고서를 금융위원회에 제출하여야 한다(자본시장법 제119조 제1항). 자본시장법상 증권신고서 제도는 투자자가 신규로 발행되거나 매도될 증권의 내용에 대하여 사전에 충분한 정보를 갖고 투자 판단할 수 있도록 하는 데 그 취지가 있다.[49] 여기서 발행인은 상장 여부와 무관하므로 비상장회사라도 증권을 모집 또는 매출한다면 사전에 자본시장법에 따라 증권신고서를 제출해야 한다.

그런데 국내에서 상장을 준비하는 회사들이 위 자본시장법 규정을 인지하지 못하여 모집 또는 매출을 하면서 증권신고서를 제출하지 않아 자본시장법을 위반하는 경

48) 1) 모집 또는 매출하려는 증권의 모집가액 또는 매출가액과 해당 모집일 또는 매출일부터 과거 1년 동안 이루어진 증권의 모집 또는 매출로서 그 신고서를 제출하지 아니한 모집가액 또는 매출가액 각각의 합계액이 10억 원 이상인 경우, 2) 자본시장법 시행령 제11조 제1항에 따라 청약의 권유 대상자를 합산을 하는 경우에는 그 합산의 대상이 되는 모든 청약의 권유 각각의 합계액이 10억 원 이상인 경우를 말한다(자본시장법 시행령 제120조 제1항).

49) 기업공시 실무안내, 금융감독원(2022), 202면.

우가 발생하고 있다. 아래에서는 자본시장법상 모집 및 매출의 개념에 대해서 살펴보고, 증권신고서 제출의무 및 위반시 제재 등에 관하여 알아본다.

가. 자본시장법상 모집 및 매출 관련 규정 개관

자본시장법상 "모집"은 자본시장법 시행령으로 정하는 방법에 따라 산출한 50인 이상의 투자자에게 새로 발행되는 증권의 취득의 청약을 권유하는 것을 말하고, "매출"은 자본시장법 시행령으로 정하는 방법에 따라 산출한 50인 이상의 투자자에게 이미 발행된 증권의 매도의 청약을 하거나 매수의 청약을 권유하는 것을 말한다(자본시장법 제9조 제7항, 제9항). 여기서 "청약의 권유"란 권유받는 자에게 증권을 취득하도록 하기 위하여 신문·방송·잡지 등을 통한 광고, 안내문·홍보전단 등 인쇄물의 배포, 투자설명회의 개최, 전자통신 등의 방법[50]으로 증권 취득청약의 권유 또는 증권 매도청약이나 매수청약의 권유 등 증권을 발행 또는 매도한다는 사실을 알리거나 취득의 절차를 안내하는 활동을 말한다(자본시장법 시행령 제2조 제2호).[51] 청약의 권유를 받은 자를 기준으로 판단하므로 실제 청약을 한 자가 50인 미만이더라도 청약의 권유를 받은 자가 50인 이상이면 모집 또는 매출에 해당할 수 있다.

증권신고서 제출 의무가 있는지를 판단하기 위해서는 우선 청약의 권유가 자본시장법상 모집 또는 매출에 해당하는지를 살펴야 한다.

1) 모집 및 매출의 정의

자본시장법상 모집 및 매출 판단 기준인 50인을 산출할 때에는 청약의 권유를 하는 날 이전 6개월 이내에 해당 증권과 같은 종류의 증권에 대하여 모집이나 매출에 의하지 아니하고 청약의 권유를 받은 자를 합산한다. 다만, 자본시장법 시행령에 따

50) 자본시장법 제249조의5에 따른 투자광고의 방법을 포함한다.

51) 다만, 인수인의 명칭과 증권의 발행금액을 포함하지 아니하는 등 금융위원회가 정하여 고시하는 기준에 따라 다음 각 목의 사항 중 전부나 일부에 대하여 광고 등의 방법으로 단순히 그 사실을 알리거나 안내하는 경우는 제외한다(자본시장법 시행령 제2조 제2호).
가. 발행인의 명칭
나. 발행 또는 매도하려는 증권의 종류와 발행 또는 매도 예정금액
다. 증권의 발행이나 매도의 일반적인 조건
라. 증권의 발행이나 매출의 예상 일정
마. 그 밖에 투자자 보호를 해칠 염려가 없는 사항으로서 금융위원회가 정하여 고시하는 사항

라 증권의 내용에 대해서 잘 알고 있거나 알 수 있는 전문가와 연고자는 합산 대상자에서 제외하고,[52] 매출에 대하여는 증권시장 및 다자간매매체결회사 밖에서 청약의 권유를 받는 자를 기준으로 그 수를 산출한다(자본시장법 시행령 제11조 제1항, 제4항). 같은 종류의 증권의 의미에 관하여 금융감독당국은 자본시장법상 각 증권의 개념에서 열거하고 있는 개별 증권의 구분에 따라 같은 종류의 증권 여부를 판단한다고 하면서, 주식의 경우에는 상법상 다른 종류의 주식(보통주, 우선주, 혼배주 등)은 같은 종류의 증권에 해당하지 않는다고 보고 있다.[53] 예를 들어 자본시장법상 채무증권은 국채증권, 지방채증권, 특수채증권, 사채권, 기업어음증권, 그 밖에 이와 유사(類似)한 것으로서 지급청구권이 표시된 것으로 정의되므로, 국채증권, 지방채증권, 특수채증권, 사채권, 기업어음증권 등의 개별 증권 구분에 따라 같은 종류의 증권 여부를 판단하게 된다. 따라서 전환사채, 신주인수권부사채, 교환사채 등은 사채권에 옵션이 부여된 것에 불과하므로 모두 일반사채와 동일한 사채로 보게 된다.[54]

한편, 청약의 권유 합산 대상자에게 제외되는 전문가와 연고자는 다음과 같다(자본시장법 시행령 제11조 제1항, 「증권의 발행 및 공시 등에 관한 규정」(이하 '증발공 규정') 제2－1조).

구분	내용
전문가	전문투자자
	「공인회계사법」에 따른 회계법인
	신용평가회사(자본시장법 제335조의3에 따라 신용평가업인가를 받은 자)
	발행인에게 회계, 자문 등의 용역을 제공하고 있는 공인회계사·감정인·변호사·변리사·세무사 등 공인된 자격증을 가지고 있는 자
	그 밖에 발행인의 재무상황이나 사업내용 등을 잘 알 수 있는 전문가로서 금융위원회가 정하여 고시하는 아래 각 호의 자

52) 단, 코넥스시장 상장법인이 발행한 주권 등 또는 자본시장법 시행령 제178조 제1항 제2호에 따른 장외매매거래가 이루어지는 지분증권의 경우에는 전문투자자 등 자본시장법 시행령 제11조 제2항 각호에서 정하는 자를 합산대상자에서 제외한다(자본시장법 시행령 제11조 제2항).

53) 기업공시 실무안내, 금융감독원(2024), 208면.

54) 금융감독원 2023. 11. 9. 자 보도자료 [투자조합에 대한 청약권유시 공시위반 유의사항 안내] 참조.

	1. 중소기업창업법에 따른 중소기업창업투자회사 2. 그 밖에 제1호 및 자본시장법 시행령 제11조 제1항 제1호 각 목의 전문가와 유사한 자로서 발행인의 재무내용이나 사업성을 잘 알 수 있는 특별한 전문가라고 금융감독원장이 정하는 자
연고자	발행인의 최대주주[금융사지배구조법 제2조 제6호 가목에 따른 최대주주를 말한다. 이 경우 "금융회사"는 "법인"으로 보고, "발행주식(출자지분을 포함한다. 이하 같다)"은 "발행주식"으로 본다.]와 발행주식 총수의 100분의 5 이상을 소유한 주주
	발행인의 임원(「상법」 제401조의2 제1항 각 호의 자를 포함한다.) 및 「근로복지기본법」에 따른 우리사주조합원
	발행인의 계열회사와 그 임원
	발행인이 주권비상장법인(주권을 모집하거나 매출한 실적이 있는 법인은 제외한다)인 경우에는 그 주주
	외국 법령에 따라 설립된 외국 기업인 발행인이 종업원의 복지증진을 위한 주식매수제도 등에 따라 국내 계열회사의 임직원에게 해당 외국 기업의 주식을 매각하는 경우에는 그 국내 계열회사의 임직원
	발행인이 설립 중인 회사인 경우에는 그 발기인
	그 밖에 발행인의 재무상황이나 사업내용 등을 잘 알 수 있는 연고자로서 금융위원회가 정하여 고시하는 아래 각 호의 자 1. 발행인(설립중인 회사 제외)의 제품을 원재료로 직접 사용하거나 발행인(설립중인 회사 제외)에게 자사제품을 원재료로 직접 공급하는 회사 및 그 임원 2. 발행인(설립중인 회사 제외)과 대리점계약 등에 의하여 발행인의 제품 판매를 전업으로 하는 자 및 그 임원 3. 발행인이 협회 등 단체의 구성원이 언론, 학술 및 연구 등 공공성 또는 공익성이 있는 사업을 영위하기 위하여 공동으로 출자한 회사(설립중인 회사 포함)인 경우 해당 단체의 구성원 4. 발행인이 지역상공회의소, 지역상인단체, 지역농어민단체 등 특정지역 단체의 구성원이 그 지역의 산업폐기물 처리, 금융 보험서비스 제공, 농수축산물의 생산 가공 판매 등의 공동사업을 영위하기 위하여 공동으로 출자한 회사(설립중인 회사 포함)인 경우 해당 단체의 구성원 5. 발행인이 동창회, 종친회 등의 단체 구성원이 총의에 의하여 공동의 사업을 영위하기 위하여 공동으로 출자한 회사(설립중인 회사 포함)인 경우 해당 단체의 구성원 6. 자본시장법 제159조 제1항에 따른 사업보고서 제출대상법인이 아닌 법인

	("사업보고서 미제출법인")의 주주가 그 사업보고서 미제출법인의 합병, 주식의 포괄적 교환 이전, 분할 및 분할합병의 대가로 다른 사업보고서 미제출법인이 발행한 증권을 받는 경우 그 주주 7. 기타 제1호부터 제6호까지 및 자본시장법 시행령 제11조 제1항 제2호 각 목의 연고자와 유사한 자로서 발행인의 재무내용이나 사업성을 잘 알 수 있는 특별한 연고자라고 금융감독원장이 정하는 자

결국, 발행인이 위 전문가 또는 연고자에게만 청약의 권유를 하거나 전문가 또는 연고자를 제외하고, 청약의 권유를 하는 날 이전 6개월 이내에 해당 증권과 같은 종류의 증권에 대하여 모집이나 매출에 의하지 아니하고 청약의 권유를 받은 자를 합산하였을 때 50인 미만이라면 증권신고서 제출 대상이 아닌 것이다. 다만, 증권신고서 제출 대상 여부 판단 시 간주모집 해당 여부와 자본시장법상 전문투자자 여부 판단에 관하여 유의해야 하는데 이에 관하여 아래에서 구체적으로 살핀다.

2) 간주모집과 전매제한조치

자본시장법은 6개월 이내에 해당 증권과 같은 종류의 증권에 대하여 모집에 의하지 아니하고 청약의 권유를 받은 자를 합산하였을 때 50인 미만으로서 증권의 모집에 해당되지 아니할 경우에도, 해당 증권이 발행일부터 1년 이내에 50인 이상의 자에게 양도될 수 있는 경우로서 증발공 규정상 전매기준에 해당하는 경우에는 모집으로 본다(이하 전매기준에 해당하여 모집으로 보는 경우를 간주모집이라 한다. 자본시장법 시행령 제11조 제3항). 50인 미만의 자에게 청약의 권유를 하였더라도 간주모집에 해당하면 증권신고서 제출[55] 대상이 되므로 유의해야 한다.

증발공 규정에 따른 전매기준은 다음과 같다(제2-2조 제1항).

구분	내용
1. 지분증권[56]	같은 종류의 증권이 모집 또는 매출된 실적이 있거나 증권시장(코넥스시장을 제외)에 상장된 경우 [분할 또는 분할합병(「상법」 제530조의12에 따른 물적분할의 경우를 제외한다)으로 인하여 설립된 회사가 발행

55) 다만, 해당 증권이 자본시장법 제165조의10 제2항에 따라 사모의 방법으로 발행할 수 없는 사채(주권상장법인이 발행하는 신주인수권증권만을 양도할 수 있는 사채를 말함)인 경우에는 그러지 아니한다(자본시장법 시행령 제11조 제3항).

	하는 증권은 분할되는 회사가 발행한 증권과 같은 종류의 증권으로 본다] 또는 기업인수목적회사와 합병하려는 법인이 합병에 따라 발행하는 경우
2. 지분증권이 아닌 경우(기업어음증권 제외)	50매 이상으로 발행되거나 발행 후 50매 이상으로 권면분할되어 거래될 수 있는 경우[57]
3. 전환권, 신주인수권 등	증권에 부여된 권리의 목적이 되는 증권이 1. 또는 2.에 해당되는 경우
4. 기업어음증권	다음 각목의 어느 하나에 해당하는 경우 가. 50매 이상으로 발행되는 경우 나. 기업어음의 만기가 365일 이상인 경우 다. 기업어음이 영 제103조에 따른 특정금전신탁에 편입되는 경우
5. 파생결합증권	특정금전신탁에 편입되는 경우

원칙적으로 상기에 해당하는 경우에는 50인 미만에게 청약의 권유를 하더라도 간주모집이 되어 증권신고서를 제출해야 한다. 그러나 증발공 규정은 발행일부터 1년 이내에 50인 이상의 자에게 양도될 수 없는 다음 각 호의 어느 하나에 해당하는 경우(전매제한 조치)에는 전매기준에 해당하지 않는 것으로 본다(제2-2조 제2항).

1. 증권을 발행한 후 지체없이 한국예탁결제원에 전자등록하거나 예탁하고 그 전자등록일 또는 예탁일부터 1년간 해당 증권(증권에 부여된 권리의 행사로 취득하는 증권을 포함한다)을 인출하거나 매각(매매의 예약 등을 통해 사실상 매각이 이루어지는 경우를 포함한다. 이하 제9호에서 같다)하지 않기로 하는 내용의 계약을 예탁결제원과 체결한 후 그 계약을 이행하는 경우 또는 「금융산업의 구조개선에 관한 법률」(이하 '금산법') 제12조 제1항에 따라 정부 또는 예금보험공사가 부실금융기관에 출자하여 취득하는 지분증권에 대하여 취득일부터 1년 이내에 50인 이상의 자에게 전매되지 않도록 필요한 조치를 취하는 경우 2. 지분증권이 아닌 경우(기업어음증권 제외) 50매 미만으로 발행되는 경우에는 증권의 권면에 발행 후 1년 이내 분할금지특약을 기재하는 경우. 다만, 전자등록 또는 등록발행의 경우에는 거래단위를 50단위 미만으로 발행하되 발행 후 1년이내에는 최초 증권 발행시의 거래단위 이상으로 분할

56) 지분증권과 관련된 증권예탁증권을 포함한다.

57) 다만, 전자등록(전자증권법에 따른 전자등록을 말한다. 이하 같다) 또는 등록(「은행법」에 따른 등록을 말한다.)발행의 경우에는 매수가 아닌 거래단위를 기준으로 적용한다.

되지 않도록 조치를 취하는 경우를 말한다.
3. 전환권, 신주인수권 등 증권에 부여된 권리의 목적이 되는 증권이 전매기준에 해당되는 경우에는 권리행사금지기간을 발행 후 1년 이상으로 정하는 경우
4. 채무증권(기업어음은 제외한다)으로서 일정한 요건[58]을 모두 충족하는 경우
[이하 유동화증권, 단기사채, 온라인소액투자중개를 통해 지분증권을 모집한 경우 등에 관한 제5호 내지 제9호는 기재 생략]

발행회사가 과거 증권을 모집 또는 매출한 적이 있거나 지분증권이 아닌 경우에 50매 이상으로 발행되거나 발행 후 50매 이상으로 권면분할되어 거래될 수 있는 경우에는, 이전 6개월 동안 모집에 의하지 아니하고 청약의 권유를 받은 자를 합산하여 50인 미만에게 청약의 권유를 하였더라도 간주모집에 해당하여 증권신고서 제출대상이 될 수 있으므로 이를 제출하지 않기 위해서는 상기의 전매제한 조치를 해야 한다는 점을 유의해야 한다.

3) 자본시장법상 전문투자자의 범위

앞서 살핀 바와 같이, 자본시장법상 전문가와 연고자는 청약의 권유 합산 대상에서 제외된다. 전문가에는 전문투자자가 포함되는데(자본시장법 시행령 제11조 제1항 제1호 가목), 자본시장법상 전문투자자란 금융투자상품에 관한 전문성 구비 여부, 소유자산규모 등에 비추어 투자에 따른 위험감수능력이 있는 투자자로서 다음 각 호의 어느 하나에 해당하는 자를 말한다(자본시장법 제9조 제5항, 동법 시행령 제10조 제2항,

58) 가. 다음 (1)부터 (5)까지에 해당하는 자(이하 "적격기관투자자"라 한다)가 발행인 또는 인수인으로부터 직접 취득하고, 감독원장이 정하는 바에 따라 적격기관투자자 사이에서만 양도 양수될 것. 단, 제5호의 유동화증권(「자산유동화에 관한 법률」에서 정하는 방법으로 발행된 채무증권을 말한다. 이하 같다)을 발행하기 위하여 자산유동화전문회사에 양도하는 경우에는 그러하지 아니하다.
(1) 영 제10조 제1항 제1호부터 제4호까지의 자(영 제10조 제2항 제11호, 같은 조 제3항 제5호부터 제8호까지에 해당하는 자는 제외한다)
(2) 주권상장법인, 영 제10조 제3항 제12호 제13호 및 같은 항 제16호에 해당하는 자
(3) 「중소기업진흥에 관한 법률」에 따른 중소기업진흥공단
(4) <삭제 2016. 6. 28.>
(5) (1)부터 (4)까지의 적격기관투자자에 준하는 외국인
나. 직전 사업연도말 총자산이 2조원 이상인 기업이 발행한 증권이 아닐 것. 다만, 제1-2조 제6항에 따른 원화표시채권 또는 외화표시채권을 발행하는 경우에는 그러하지 아니하다.

제3항).[59)]

---

1. 국가
2. 한국은행
3. 은행
4. 「한국산업은행법」에 따른 한국산업은행
5. 「중소기업은행법」에 따른 중소기업은행
6. 「한국수출입은행법」에 따른 한국수출입은행
7. 「농업협동조합법」에 따른 농업협동조합중앙회
8. 「수산업협동조합법」에 따른 수산업협동조합중앙회
9. 「보험업법」에 따른 보험회사(이하 "보험회사"라 한다)
10. 금융투자업자[자본시장법 제8조 제9항에 따른 겸영금융투자업자(이하 "겸영금융투자업자"라 한다)는 제외한다]
11. 증권금융회사
12. 종합금융회사
13. 자본시장법 제355조 제1항에 따라 인가를 받은 자금중개회사(이하 "자금중개회사"라 한다)
14. 「금융지주회사법」에 따른 금융지주회사
15. 「여신전문금융업법」에 따른 여신전문금융회사
16. 「상호저축은행법」에 따른 상호저축은행 및 그 중앙회
17. 「산림조합법」에 따른 산림조합중앙회
18. 「새마을금고법」에 따른 새마을금고연합회
19. 「신용협동조합법」에 따른 신용협동조합중앙회
20. 제4호부터 제19호까지의 기관에 준하는 외국 금융기관
21. 주권상장법인. 다만, 금융투자업자와 장외파생상품 거래를 하는 경우에는 전문투자자와 같은 대우를 받겠다는 의사를 금융투자업자에게 서면으로 통지하는 경우에 한한다.
22. 「예금자보호법」에 따른 예금보험공사 및 정리금융회사
23. 「한국자산관리공사 설립 등에 관한 법률」에 따른 한국자산관리공사
24. 「한국주택금융공사법」에 따른 한국주택금융공사
25「한국투자공사법」에 따른 한국투자공사
26. 협회
27. 자본시장법 제294조에 따라 설립된 한국예탁결제원(이하 "예탁결제원"이라 한다)
28. 「주식 사채 등의 전자등록에 관한 법률」 제2조 제6호에 따른 전자등록기관
29. 거래소
30. 「금융위원회의 설치 등에 관한 법률」에 따른 금융감독원
31. 집합투자기구
32. 「신용보증기금법」에 따른 신용보증기금

---

33. 「기술보증기금법」에 따른 기술보증기금
34. 법률에 따라 설립된 기금 및 그 기금을 관리 운용하는 법인[60)]
35. 법률에 따라 공제사업을 경영하는 법인
36. 지방자치단체
37. 해외 증권시장에 상장된 주권을 발행한 국내법인
38. 다음 각 목의 요건을 모두 충족하는 법인 또는 단체(외국 법인 또는 외국 단체는 제외한다)
    가. 금융위원회에 나목의 요건을 충족하고 있음을 증명할 수 있는 관련 자료를 제출할 것
    나. 관련 자료를 제출한 날 전날의 금융투자상품 잔고가 100억 원(「주식회사 등의 외부감사에 관한 법률」에 따라 외부감사를 받는 주식회사는 50억 원) 이상일 것
    다. 관련 자료를 제출한 날부터 2년이 지나지 아니할 것
39. 다음 각 목의 요건을 모두 충족하는 개인. 다만, 외국인인 개인, 「조세특례제한법」 제91조의18 제1항에 따른 개인종합자산관리계좌에 가입한 거주자인 개인(같은 조 제3항 제2호에 따라 신탁업자와 특정금전신탁계약을 체결하는 경우 및 자본시장법 시행령 제98조 제1항 제4호의2 및 같은 조 제2항에 따라 투자일임업자와 투자일임계약을 체결하는 경우로 한정한다) 및 전문투자자와 같은 대우를 받지 않겠다는 의사를 금융투자업자에게 표시한 개인은 제외한다.
    가. 금융위원회가 정하여 고시하는 금융투자업자에게 나목 및 다목의 요건을 모두 충족하고 있음을 증명할 수 있는 관련 자료를 제출할 것
    나. 관련 자료를 제출한 날의 전날을 기준으로 최근 5년 중 1년 이상의 기간 동안 금융위원회가 정하여 고시하는 금융투자상품을 월말 평균잔고 기준으로 5천만 원 이상 보유한 경험이 있을 것
    다. 금융위원회가 정하여 고시하는 소득액 · 자산 기준이나 금융 관련 전문성 요건을 충족할 것
40. 다음 각 목의 어느 하나에 해당하는 외국인
    가. 외국 정부
    나. 조약에 따라 설립된 국제기구
    다. 외국 중앙은행
    라. 제22호부터 제39호까지의 자에 준하는 외국인. 다만, 「조세특례제한법」 제91조의18 제1항에 따른 개인종합자산관리계좌에 가입한 거주자인 외국인(같은 조 제3항 제2호에 따라 신탁업자와 특정금전신탁계약을 체결하는 경우 및 이 영 제98조 제1항 제4호의2 및 같은 조 제2항에 따라 투자일임업자와 투자일임계약을 체결하는 경우로 한정한다)은 제외한다.

---

59) 다만, 전문투자자 중 자본시장법 시행령 제10조 제1항에서 정하는 자가 일반투자자와 같은 대우를 받겠다는 의사를 금융투자업자에게 서면으로 통지하는 경우 금융투자업자는 정당한 사유가 있는 경우를 제외하고는 이에 동의하여야 하며, 금융투자업자가 동의한 경우에는 해당 투자자는 일반투자자로 본다.

60) 제34호부터 제39호까지의 어느 하나에 해당하는 자가 금융투자업자와 장외파생상품 거래를 하는 경우에는 전문투자자와 같은 대우를 받겠다는 의사를 금융투자업자에게 서면으로 통지하는 경우

상기와 같이 은행, 금융투자업자, 주권상장법인, 집합투자기구 및 일정한 요건을 갖춘 개인투자자는 자본시장법상 전문투자자에 포함되기 때문에 모집 또는 매출을 판단하는 청약의 권유 합산대상자에서 제외된다. IPO를 예정하는 기업에 투자하는 투자자들은 이러한 전문투자자에 해당할 가능성이 높으므로 증권신고서 제출 대상 여부를 판단할 때에는 pre-IPO 투자자들이 전문투자자에 해당하는지 파악할 필요가 있다.

나. pre-IPO 투자자의 전문투자자 해당 여부

IPO를 예정하는 기업은 자본시장법상 사모집합투자기구(PEF) 및 벤처펀드 등으로부터 pre-IPO 투자를 받는 경우가 많고, 최대주주가 보유한 지분을 pre-IPO 투자자에게 양도하는 경우도 있다. 이들은 지분증권이나 전환사채 또는 신주인수권부사채 등 채무증권에 투자하게 되는데, 이들이 자본시장법상 전문투자자에 해당한다면, 청약의 권유 합산대상자에서 제외되므로 50인 이상에게 청약의 권유를 하였더라도 모집이나 매출에 해당하지 않게 된다. 아래에서는 투자자 별 전문투자자 해당 여부에 관하여 살펴본다.

1) 일반 사모집합투자기구와 기관전용 사모집합투자기구

"사모집합투자기구"란 집합투자증권을 사모로만 발행하는 집합투자기구로서 개인이 아닌[61] 전문투자자 등만을 사원으로 하는 투자합자회사 형태의 사모집합투자기구인 기관전용 사모집합투자기구와 기관전용 사모집합투자기구를 제외한 사모집합투자기구인 일반 사모집합투자기구로 구분된다(자본시장법 제9조 제19항). 우리나라에서는 기관전용 사모집합투자기구를 PEF로 인식하고, 일반 사모집합투자기구는 헤지펀드로 인식하고 있다.

기관전용 사모집합투자기구는 무한책임사원인 PEF 운용사가 유한책임사원들로부터 출자를 받아 설립하는 사모투자합자회사 형태이고, 일반 사모집합투자기구는 투자신탁 형태인 경우가 대부분이다. 앞서 살핀 바와 같이, 자본시장법상 집합투자기

만 해당한다.

61) 자본시장법 제168조 제1항에 따른 외국인, 해당 기관전용 사모집합투자기구의 업무집행사원의 임원 또는 운용인력은 예외로 한다(자본시장법 제249조의11 제6항).

구는 전문투자자에 포함되므로 기관전용 사모집합투자기구나 일반 사모집합투자기구로부터 pre－IPO 투자를 유치하거나 이들에게 주식을 양도하는 경우라면 이들에 대한 청약의 권유는 합산대상에서 제외된다.

2) 벤처펀드

우리나라의 벤처펀드는 벤처투자법에 따라 결성되는 벤처투자조합[62]과 「여신전문금융업법」에 따라 결성되는 신기술사업투자조합으로 구분된다. 조합은 법인이 아니고, 조합원들 사이의 조합계약으로 성립하며 그 법률관계도 조합원 간의 의사합치로 정한 계약에 따라 결정된다. 이러한 벤처투자조합 및 신기술사업투자조합은 자본시장법상 전문가에 포함되지 않아 이들 조합에게 주식 등을 발행하거나 양도하는 경우 청약의 권유 대상자에 합산해야 한다.

그런데 자본시장법상 청약의 권유 대상자 50인 여부는 자연인이나 법인을 기준으로 산정하므로 법인이 아닌 조합은 조합이 아닌 그 조합원(개인이나 법인)을 기준으로 판단해야 한다는 것이 금융감독당국의 실무이다.[63] pre－IPO투자를 받는 기업은 이러한 조합들의 조합원에게 직접 투자유치를 하지 않고, 업무집행조합원을 대상으로 투자유치 활동을 하는 경우가 대부분이기 때문에 조합의 조합원 각각을 청약의 권유 대상자로 인식하기 어렵다. 또한, 조합의 업무집행조합원이 자산운용사, 캐피탈사 등 전문적으로 투자를 하는 회사인 경우가 대부분이어서 이들이 결성하는 조합 형태의 펀드도 전문투자자에 해당하여 청약의 권유 대상자에 합산되지 않는 것으로 오인하는 경우도 많다. 이에 따라 조합원 기준으로 산정 시 청약의 권유 대상자가 50인 이상인데도 증권신고서를 제출하지 않고 모집 또는 매출을 하여서 금융감독당국의 제재를 받는 사례가 늘어나고 있다.[64]

벤처펀드로부터 pre－IPO 투자를 받는다면, 해당 조합의 조합원 중 전문가(전문투자자 포함)와 연고자를 제외한 자가 몇 명인지를 파악하여 이전 6개월 이내에 같은

62) 2020. 8. 12. 전 벤처투자 제도는 투자주체별로 벤처기업법에 따른 한국벤처투자조합, 개인투자조합 및 중소기업창업법에 따른 중소기업창업투자조합으로 각 분산되어 있었으나 2020. 8. 12. 벤처투자법이 시행되면서 벤처투자법에 따른 벤처투자조합 및 개인투자조합으로 단순화되었다.

63) 2023. 11. 9. 자 금융감독원 보도자료 [투자조합에 대한 청약권유시 공시위반 유의사항 안내] 참조.

64) 2022년에는 2건, 2023년에는 4건 과징금 등 제재를 받은 것으로 파악된다(출처: 2023. 11. 9. 자 금융감독원 보도자료 [투자조합에 대한 청약권유시 공시위반 유의사항 안내]).

종류의 증권에 대하여 사모로 청약권유를 받은 자를 합산했을 때 50인 이상인지를 확인하고, 50인 이상이라면 그 합산 대상이 되는 모든 청약의 권유 각각의 합계액이 10억 원 이상인 경우 금융위원회에 증권신고서를 제출한 후, 모집 또는 매출을 해야 한다는 점을 유의해야 한다.

3) 민법상 조합

벤처투자법 또는 「여신전문금융업법」에 따라 결성한 조합이 아니고, 주로 개인투자자로 구성된 민법상 조합이 pre-IPO 투자를 하는 경우도 있다. 벤처펀드보다 흔한 경우는 아니나, 실무상 간혹 경험하게 된다. 민법상 조합도 벤처펀드와 마찬가지로 그 조합원을 기준으로 청약의 권유 대상자를 판단해야 한다. 그런데 이러한 민법상 조합의 조합원은 대부분 개인투자자이고, 이들은 자본시장법상 전문투자자 요건을 갖추지 않은 경우가 많다. 따라서 민법상 조합으로부터 pre-IPO 투자를 받는 경우, 다른 투자자들과 합산 시 청약의 권유 대상자가 50인을 초과하는 것으로 평가될 가능성이 상당하다. 민법상 조합으로부터 투자를 받거나 주주가 이들에게 주식을 양도하는 경우에는 더욱 유의해야 한다.

다. 증권신고서 제출 의무 및 위반시 제재

1) 증권신고서 제출 의무 및 기재내용

자본시장법에 따라 증권의 발행인은 모집가액 또는 매출가액의 총액이 일정 금액 이상인 경우 당해 "모집 또는 매출에 관한 사항" 및 "발행인에 관한 사항"을 기재한 증권신고서를 금융위원회에 제출해야 한다. 증권신고서 신고 대상인 증권은 자본시장법상 증권으로 투자자 보호의 필요성이 낮은 일부 증권[65]을 제외한 지분증권, 채무증권 등이 모두 포함되고, 증권신고서 제출의무자는 모집 또는 매출하려는 대상이 되는 증권의 발행인이다. 즉, 매출의 경우에도 증권신고서 제출의무자는 증권을 매도하려는 자가 아니라 당해 증권 발행인이 되는 것이다. 발행인은 증권을 모집·매출하기 전에 증권신고서를 제출해야 하며, 제출된 증권신고서가 수리되어야만 투자자를 상대로 증권의 청약을 권유할 수 있다는 점을 유의해야 한다.

---

65) 국채증권, 지방채증권 등을 말한다(자본시장법 제118조, 동법 시행령 제119조 제2항).

한편, i) 모집 또는 매출하려는 증권의 모집가액 또는 매출가액과 해당 모집일 또는 매출일부터 과거 1년 동안 이루어진 증권의 모집 또는 매출로서 그 신고서를 제출하지 아니한 모집가액 또는 매출가액 각각의 합계액이 10억 원 이상인 경우 및 ii) 청약의 권유를 하는 날 이전 6개월 이내에 같은 종류의 증권에 대하여 모집이나 매출에 의하지 아니하고 청약의 권유를 받은 자를 합산하는 경우에는 그 합산의 대상이 되는 모든 청약의 권유 각각의 합계액이 10억 원 이상인 경우에 증권신고서 제출 대상이 된다(자본시장법 제119조 제1항, 동법 시행령 제120조 제1항).

증권신고서에 기재해야 하는 사항은 다음과 같다(자본시장법 시행령 제125조 제1항).

---

1. 모집 또는 매출에 관한 다음 각 목의 사항

가. 모집 또는 매출에 관한 일반사항
나. 모집 또는 매출되는 증권의 권리내용
다. 모집 또는 매출되는 증권의 취득에 따른 투자위험요소
라. 모집 또는 매출되는 증권의 기초자산에 관한 사항[66]
마. 모집 또는 매출되는 증권에 대한 인수인의 의견[67]
바. 주권비상장법인이 인수인의 인수 없이 지분증권의 모집 또는 매출에 관한 신고서를 제출하는 경우에는 금융위원회가 정하여 고시하는 요건을 갖춘 분석기관의 평가의견
사. 자금의 사용목적
아. 그 밖에 투자자를 보호하기 위하여 필요한 사항으로서 금융위원회가 정하여 고시하는 사항

2. 발행인에 관한 다음 각 목의 사항

가. 회사의 개요
나. 사업의 내용
다. 재무에 관한 사항
라. 회계감사인의 감사의견
마. 이사회 등 회사의 기관 및 계열회사에 관한 사항
바. 주주에 관한 사항
사. 임원 및 직원에 관한 사항
아. 이해관계자와의 거래내용
자. 그 밖에 투자자를 보호하기 위하여 필요한 사항으로서 금융위원회가 정하여 고시하는 사항

---

66) 파생결합증권 및 금융위원회가 정하여 고시하는 채무증권의 경우만 해당한다.
67) 인수인이 있는 경우만 해당한다.

증권신고서는 수리된 날부터 일정한 기간(주권비상장법인의 공모 경우는 15일)이 경과하면 효력이 발생하며(자본시장법 제120조 제1항, 동법 시행규칙 제12조 제1항), 효력이 발생하면 발행조건이 확정된 투자설명서에 의하여 청약의 권유 및 청약에 대한 승낙이 가능하다.

2) 위반시 예상되는 제재 수위

증권신고서를 제출하지 않은 경우 금융위원회는 1) 증권의 발행·모집·매출, 그 밖의 거래를 정지 또는 금지 등의 조치를 하거나, 2) 과징금을 부과할 수 있으며 3) 증권신고서를 제출하지 않고 증권을 모집 또는 매출한 자는 5년 이하의 징역 또는 2억 원 이하의 벌금에 처할 수 있고 해당 법인도 2억 원 이하의 벌금에 처할 수 있다(자본시장법 제132조 제1호, 제429조 제1항 제2호, 제444조 제12호, 제448조).

금융위원회 조치는 「자본시장조사 업무규정」(이하 '업무규정') 별표 제3호 증권·선물조사결과 조치기준(이하 "조치기준")에 따라 이루어지고 있다. 조치기준에 의하면, 공시위반 행위에 대하여는 공시의무자에게 다른 조치에 우선하여 과징금을 부과하되 다음 (1)부터 (3)까지의 어느 하나에 해당하는 경우에는 상기 자본시장법 제132조에 따른 증권발행제한 등의 조치를 할 수 있다(조치기준 5.).

---

(1) 공시위반법인이 아래 (가) 또는 (나)에 해당하는 경우
  (가) 법인이 제시한 최근 사업연도(반기 또는 분기) 재무제표(감사인 수정사항이 있는 경우 이를 반영한 재무제표)상 다음 각 목의 사유 중 2가지 이상에 해당되는 경우
    a. 완전자본잠식인 경우
    b. 당기(반기, 분기) 순손실이 발생한 경우
    c. 부도발생 확인 또는 사용가능한 현금 및 현금성자산과 단기 금융상품 합계액(가압류 및 담보로 제공된 자산은 제외한다.)이 부과예정 과징금의 100% 미만인 경우
  (나) 법인이 상장폐지된 경우

(2) 공시위반법인이 최대주주 및 경영진의 실질적인 교체 후 다음 각 항 중 어느 하나에 해당하는 기업회생과정이 진행중인 경우. 다만 이 경우에는 법인이 요청하는 바를 감안하여 과징금 또는 증권발행제한 조치 중 하나로 결정할 수 있다.
  (가) 「기업구조조정촉진법」 제5조 제2항의 절차가 개시된 경우
  (나) 「채무자 회생 및 파산에 관한 법률」에 의한 회생절차 개시 결정이 있은 경우
  (다) 주요 채권금융기관(개인 제외)의 차입금 상환유예 등 (가) 또는 (나)에 준하는 사실이 객관적으로 확인되는 경우

---

(3) 제척기간이 경과하거나 회생계획인가결정이 있어 과징금을 부과할 수 없는 경우

IPO를 준비하는 회사에게 증권발행제한 조치는 치명적일 수 있으므로 더욱 유의해야 한다. 과징금은 업무규정 별표 제2호 과징금 부과기준(이하 '부과기준')에 따라 부과되는데, 증권신고서를 제출하지 않고 모집 또는 매출을 한 경우 해당 모집 또는 매출가액에 다음의 부과비율을 곱하여 산정한다.

위반행위의 중요도 / 감안사유	상	중	하
상향조정사유 발생	100분의 3	100분의 2.4	100분의 1.8
해당사항 없음	100분의 2.4	100분의 1.8	100분의 1.2
하향조정사유 발생	100분의 1.8	100분의 1.2	100분의 0.6

증권신고서 미제출(비계량적 위반사항)의 경우 위반행위의 중요도를 공시의무 발생일 기준 자기자본 대비 해당 모집·매출가액의 비율로 판단하게 된다. 그 비율이 100% 이상인 경우는 "상", 25% 이상 100% 미만인 경우는 "중", 25% 미만이면 "하"로 분류한다. 또한 아래의 기준도 같이 고려하여 그중에서 가장 중한 등급을 적용하게 된다.

중요도	위반행위의 유형
상	불특정다수를 대상으로 하는 매체를 이용하여 모집·매출을 한 경우
중	매체를 이용하지 않고 모집·매출을 한 경우
하	자본시장법 시행령 제11조 제3항의 규정(전매기준에 해당하는 경우)에 따라 모집으로 보는 경우

아울러 위반행위에 고의가 없거나 위반행위를 감독기관이 인지하기 전에 자진신고하는 경우에는 하향조정사유가 적용되어 과징금 부과비율을 낮출 수 있다. 다만, 자본시장법 제429조 제6항에 따라 과징금은 위반행위가 있었던 때부터 5년이 경과

하면 부과할 수 없으므로 증권신고서를 미제출하고 5년이 경과하였다면 과징금이 부과될 가능성은 없다고 볼 수 있다.

라. IPO 준비 기업이 증권신고서 제출의무 위반시 대응 방안

앞서 살핀 바와 같이, 벤처펀드나 민법상 조합의 경우 자본시장법상 전문투자자에 해당하지 않아서 IPO를 예정하는 기업이 이들로부터 pre-IPO 투자를 받았거나 주주가 이들에게 주식을 양도한 경우, 이전 6개월간 청약의 권유 건을 합산시 조합원 기준으로 청약의 권유 대상자가 50인 이상이었을 가능성이 있다. 그럼에도 발행회사가 증권신고서 제출대상임을 인지하지 못하고 있다가 실무적으로 상장주관사의 실사 과정에서 이러한 법 위반을 인지하게 되는 경우가 많다.

상장예비심사신청 전에 이러한 법 위반 상태를 해소하거나 대응 방안을 마련해야 하므로, 법률자문사의 도움을 받아 금융감독원에 증권신고서 미제출에 관하여 자진신고하는 것을 고려할 수 있다. 금융감독기관이 인지하기 전에 자진신고하는 경우 하향조정사유가 적용되어 과징금 부과액이 낮아질 수 있고, 자진신고하여 법 위반상태를 해결하고자 노력하고 있다는 점을 거래소에 어필할 수 있어서 심사대응관점에서도 유리하다. 실무적으로 금융감독원에 자진신고한 이후 제재조치가 나오기까지 6개월 이상이 소요된다. 제재절차가 완료되는 것을 기다릴 수 없는 상황이라면 상장예비심사신청시 한국거래소에 자진신고한 경위를 설명하고, 그 위반에 따른 제재수위가 공모절차에 중대한 영향을 미치지 않을 것임을 소명할 필요가 있는데, 금융감독원 조사절차와 상장예비심사를 동시에 진행하는 것이 효율적일 수 있다.

Ⅱ.5

사례연구

1. 물적분할 후 상장 사례연구

금융위원회는 지난 2022년 9월 "물적분할 자회사 상장 관련 일반주주 권익 제고방안"을 발표하였다. 물적분할은 분할로 인한 신설회사의 주식을 분할회사의 주주가 아닌 분할회사가 소유하는 분할 방법이다. 회사의 사업부문이 분할되어 자회사가 신설되므로, 모회사 주주는 분할부문에 대한 의사결정 참여권이 간접화되고 모회사 주가 하락으로 인한 피해를 입을 우려가 존재한다. 이에 금융위원회는 물적분할 시 모회사 주주를 보호하기 위하여 주요사항 보고서 공시 강화, 물적분할 반대주주에 대한 주식매수청구권 부여, 그리고 물적분할 후 자회사 상장 시 한국거래소의 상장심사 강화 방안을 제시하였다. 그리고 지난 2023년, 물적분할로 설립된 A사가 코스닥시장에 상장하며 강화된 한국거래소 상장기준을 충족한 첫 사례가 나왔다.

"물적분할 자회사 상장 관련 일반주주 권익 제고방안"의 첫 번째로, 물적분할 시 모회사 주주에게 향후 자회사 상장계획에 대한 정보가 제공되지 않는 문제점을 개선하기 위해 개정된 기업공시서식 작성기준이 2022년 10월 18일부터 시행되어 물적분할에 관한 공시 규제가 강화되었다. 물적분할 시 주요사항보고서에 물적분할의 목적, 기대효과, 물적분할 및 이후 분할신설 회사의 상장 등 구조개편계획이 회사 및 주주에게 미치는 영향에 대한 검토 내용을 기재해야 하며 주주보호방안에 대해서도 구체적으로 기재해야 한다(기업공시서식 작성기준 제12-8-7조, 제12-8-8조). 또한 주식매수청구권의 행사요건, 매수예정가격, 행사절차 등의 세부 내용을 기재해야 한다.

다음으로 상장회사의 물적분할의 경우 반대주주에게 주식매수청구권을 부여하도록 자본시장법 및 동법 시행령이 개정되었다. 물적분할 시 상장법인이 반대주주에게 주식매수청구권을 부여해야 한다는 근거 규정이 마련되었으며(자본시장법 제165조의5 제1항, 동법 시행령 제176조의7 제1항 제2호), 이때 주식매수청구권 행사에 따른 매수가격은 해당 주주와 회사 사이의 협의로 결정하되, 협의가 이루어지지 않을 경우 자본시장법 시행령에 따른 시장가격이 적용되며, 이에 대해서도 협의가 되지 않는 경우 법원에 매수가격 결정 청구가 가능하다.68)

마지막으로, 분할 자회사 상장 시 모회사 주주에 대한 보호가 필요하다는 점을 반영하여 유가증권시장 상장규정 시행세칙 및 코스닥시장 상장규정 시행세칙이 개정되었다. 상장신청인이 유가증권시장 · 코스닥시장 상장법인의 물적분할로 설립된 법인으로 설립 후 5년 이내에 상장예비심사를 신청하는 경우, 질적심사기준의 하나로 상장신청인의 모회사가 주주 의견수렴, 주주와의 소통 등 주주 보호노력을 충분히 이행한 것으로 인정될 것이 요구된다(유가증권시장 상장규정 제4조 제3항, 유가증권시장 상장규정 시행세칙 제4조의2 제1항 제2호 별표2의2, 코스닥시장 상장규정 제29조 제2항, 코스닥시장 상장규정 시행세칙 제27조 제1항 별표6). 2022년 9월 개정된 유가증권시장 상장심사 가이드북은 모회사 주주에게 모회사가 보유한 자회사 주식을 현물배당하거나 배당 확대 등을 통해 자회사 성장의 이익을 모회사 주주에게 환원하는 방안 등을 모회사 주주보호방안으로 제시하였다. 이러한 모회사 주주보호방안을 마련하여 상장심사를 통과한 첫 사례가 지난 2023년에 코스닥시장에 상장한 A사이다.

A사는 2020년 4월 모회사의 특정 사업 부문을 물적분할하여 설립된 기업이다. A사는 2022년 하반기 상장예비심사신청서를 제출하고 약 7개월 간의 한국거래소 심사를 거쳐 2023년 신규상장 예비심사 승인을 받아 증권신고서를 제출하였다. A사의

68) 참고로 비상장회사에 대해서도 분할회사 총자산액의 10%를 초과하는 물적분할시 반대주주에게 주식매수청구권을 부여하는 내용의 상법 개정안이 지난 2023. 8. 24.부로 입법예고되어 있는 상태로, 상장회사뿐 아니라 비상장회사에 대해서도 물적분할시 주식매수청구권을 인정하는 구조로 논의가 진행 중이다.

투자설명서 공시자료에 의하면, A사의 모회사는 주주들의 지분가치훼손 가능성을 방지하고자 2022년 및 2023년 사업연도 기준 총 160억 원에서 220억 원 규모 상당의 주주환원 정책을 시행하였다. A사의 모회사는 2023년에 2022년도 별도 기준 당기순이익의 15%나 A사 IPO 공모 시 구주 매출 금액의 10%를, 2024년에 2023년도 별도 기준 당기순이익의 15%나 A사 결산 배당 시 회사 귀속분의 50%를 현금배당으로 지급하기로 하였다. 또한 A사 IPO 공모 물량의 20%를 현물배당하는 방안과 상장 후 A사 IPO 공모 시 구주매출 금액의 20%를 자기주식 매입 및 소각에 사용하는 방안을 제시하였다. 이러한 모회사 주주 보호 방안을 바탕으로 A사는 한국거래소의 상장심사를 통과하여 코스닥시장에 상장하였다.

향후 물적분할 시 강화된 공시 규정 및 주식매수청구권 부여를 사전적으로 고려하고, 기존 상장 사례를 참고하여 자회사 상장 시 모회사의 일반주주를 보호하기 위한 절차를 마련하여 거래소와 충분히 사전 교감을 한 뒤 상장을 준비할 필요가 있을 것으로 보인다.

2. 투자계약상 사전동의권과 상장준비 시 유의사항

가. 대상판결[69]의 내용 및 거래소의 입장

1) 사실관계 및 당사자의 주장 정리

원고인 투자자 甲(이하 '본건 투자자')은 투자대상회사인 乙(이하 '대상회사')과 대상회사가 신규로 발행하는 RCPS를 본건 투자자가 인수하는 내용의 신주인수계약(이하 '본건 투자계약')을 체결하고, 본건 두사계약의 내용에 따라 대상회사가 발행한 RCPS를 인수한 대상회사의 주주이다.

69) 대법원은 2023년 중 투자계약상 사전동의권의 효력에 관하여 다수의 판결을 선고하였다. 본 원고에서는 다수의 판결 중, 거래소가 IB간담회를 통해 특별히 주의를 요구한 판례를 중심으로 내용을 정리하였다.

본건 투자계약상, 대상회사는 주요 경영사항에 관하여 본건 투자자로부터 사전동의를 받아야 할 의무를 부담하고 있었으며(이하 본건 투자자의 관점에서 '사전동의권'), 이를 위반할 경우 본건 투자자에게 손해를 배상하고 위약벌을 지급하도록 규정되어 있었다. 특히, 본건 투자계약은, '대상회사가 본건 투자계약에서 정한 주당 인수가격보다 낮은 가격으로 제3자에게 유상증자를 실시하는 것'을 상기 주요 경영사항에 해당하는 것으로 명시하고 있었다.

본건 투자계약의 문언에도 불구하고, 대상회사는 본건 투자자의 사전동의 없이, 제3자에게 본건 투자계약에서 정한 주당 인수가격보다 낮은 가격으로 유상증자를 실시하였으며, 이로 인해 본건 투자자와 대상회사 간에 분쟁이 발생하였다.

본건 투자자는 '대상회사의 위 유상증자가 본건 투자계약을 위반한 행위이므로 본건 투자자가 RCPS의 조기상환청구권을 행사할 수 있으며, 따라서 대상회사(및 본건 투자계약의 또다른 당사자였던 대상회사의 최대주주겸 대표이사)는 본건 투자자에게 RCPS 상환금 및 본건 투자계약상 위약벌을 지급하여야 한다'고 주장하였다. 이러한 본건 투자자의 주장에 대해, 대상회사는 '사전동의권은 주주평등의 원칙 등 상법상 강행법규에 반하여 무효이며, 본건 투자자는 무효인 약정을 근거로 조기상환 청구나 위약벌 청구를 하고 있으므로, 본건 투자자의 청구는 기각되어야 한다'고 주장하였다.

2) 원심판결의 내용 및 거래소의 입장

서울고등법원은 2021. 10. 28. 본건 투자계약상 사전동의권 및 위반 시 제재로서의 조기상환청구권과 위약벌 약정이 주주평등의 원칙을 위반한 무효의 약정이라고 판단하고, 본건 투자자의 청구를 모두 기각하였다(이하 '원심판결'). 나아가, 서울고등법원은 대상회사와 같이 재무상태가 좋지 못한 회사에 투자하는 투자자에게, 투자금 회수를 담보하기 위한 안전장치가 필요하다는 점은 인정하면서도, 이러한 안전장치 역시 (i) 상법이 인정하고 있는 종류주식이나, (ii) '주주간 계약' 등을 통해 구현하여야 하며, 상법이 인정하지 않고 있는 사전동의권과 같은 수단을 사용하는 것은 허용되지 않는다고 판시하였다.

원심판결 선고 이후, 거래소는 2023. 2. 28. 코스닥시장 IB간담회를 개최하고, 원심판결을 근거로 일부 주주에게 사전동의권을 부여하는 약정은 주주평등 원칙에 반해 무효일 가능성이 있다고 평가하고, 상장예비심사 신청 전에 사전동의권의 해제를 완료하여 실사 체크리스트에 반영하는 등 향후 분쟁의 소지가 없도록 사전 점검을 요구하였다.

3) 대상판결의 내용

대법원은 2023. 7. 13. 대상판결을 통해, 회사가 일부 주주에게만 우월한 권리나 이익을 부여하기로 하는 약정은 원칙적으로 주주평등의 원칙에 반하여 무효이나, 그러한 차등적 취급을 정당화할 수 있는 특별한 사정이 있는 경우에는 예외적으로 효력을 인정할 수 있다고 판시하고, 원심판결을 파기 및 환송하였다.

나아가, 대법원은 '차등적 취급을 정당화할 수 있는 특별한 사정'에 관한 일응의 판단 기준으로 (a) 차등적 취급의 구체적 내용, (b) 차등적 취급을 하게 된 경위와 목적, (c) 차등적 취급이 회사 및 주주 전체의 이익을 위해 필요하였는지 여부와 정도, (d) 상법 등의 강행법규와 저촉되거나 채권자보다 후순위에 있는 주주로서의 본질적인 지위를 부정하는지 여부, (e) 차등적 취급에 따라 다른 주주가 입는 불이익의 내용과 정도, (f) 차등적 취급으로 불이익을 입게 되는 주주의 동의 여부와 전반적인 동의율, (g) 회사의 상장 여부, 사업목적, 지배구조, 사업현황, 재무상태 등 제반사정을 제시하였다.

대상판결 선고 이후, 서울고등법원은 파기환송심(서울고등법원 2024. 6. 28. 선고 2023나2029599 판결)에서 (i) 본건 투자계약 체결 당시 대상회사가 재무적으로 어려운 상황이었으며, 투자유치가 어려웠다는 점, (ii) 대상회사의 대주주가 사전동의권 부여에 동의하였으며, 그 외 대상회사의 다른 주주가 별다른 이의를 제기하지 않았다는 점, (iii) 경영진에 대한 감시 · 감독 목적에서 사전동의권을 부여한 것만으로, 다른 소수주주에게 실질적인 손해가 발생하였다고 보기 어렵다는 점, (iv) 쟁점이 되는 사전동의 대상인 신주발행 내지 유상증자 등은 이사회 결의 사항으로, 본건 투자자가 사전동의권을 가지더라도 다른 주주의 의결권이 직접적으로 침해되지 않는나는 점 등을 근거로, 사전동의권 약정의 효력을 인정하였다.

나. 검토

주주평등의 원칙은, 주주와 회사 사이의 법률관계에서 회사가 각 주주를 그 주식수에 따라 평등하게 취급하여야 한다는 원칙이다. 우리 상법은 주주평등의 원칙에 관한 일반 조항을 마련하지 않고 있으나,[70] 정의와 형평의 이념상 당연히 인정되는 원칙으로 해석하는 것이 일반적이다.[71]

한편, 비상장회사는 제3자배정 방식의 유상증자를 통해 자금을 조달하는 경우가 많으며, 이때 신주를 배정받는 투자자에게 계약상 특별한 권리를 부여하는 경우가 있다. 특히, 해당 유상증자 이후에도 최대주주가 변경되지 않는 재무적 투자의 경우, 재무적 투자자(FI)는 기존 경영진(최대주주)의 경영활동을 감시 · 감독하기 위하여 주요 경영사항에 대한 사전동의권을 확보하고자 하는데, 회사는 이러한 FI의 요구를 수용하여 FI에게 투자계약상 사전동의권을 부여하는 경우가 많다. 즉, 실무상 비상장회사의 일부 주주가 주요 경영사항에 대한 사전동의권을 가지고 있는 경우가 빈번하며, 이러한 실무는 사전동의권이 주주평등의 원칙 위반이 아니라는 견해를 전제(즉, 투자계약상 사전동의권이 유효하다는 전제)로 형성된 것으로 보인다.

그러나 서울고등법원은 원심판결을 통해 이러한 실무 관행에 대하여 의문을 제기하였으며, 거래소는 원심판결을 근거로 상장예비심사 신청 전에 사전동의권의 해제를 완료하도록 안내하였다. 다만, (i) 상장예비심사 신청일부터 상장완료일까지 실무적으로 상당한 기간이 소요된다는 점, (ii) 거래소의 미승인, 금융감독원의 증권신고서 정정요구, 수요예측의 실패 등 다양한 이유로 상장이 완료되지 않을 수 있다는 점을 고려할 때, 사전동의권을 보유한 투자자 입장에서는 상장예비심사 신청 전에 사전동의권을 포기하기 어려운 것이 사실이다.[72] 이러한 투자자의 입장을 고려하여, '상장 조건부 사전동의권 해제'를 골자로 하는 추가 합의서를 체결하고 이를 상장예비심사 신청 시 제출하는 사례가 다수 있으며,[73] 현재까지 거래소도 이러한 조건부

70) 이러한 주주평등의 원칙을 전제로, 1주 1의결권 원칙(상법 제369조 제1항), 주식 수에 따른 신주배정(상법 제418조 제1항), 주식 수에 따른 이익 배당 및 잔여재산 분배(상법 제464조 본문, 제538조 본문)와 같은 개별 조항은 마련하고 있으나, 주주평등의 원칙에 관한 일반 조항은 마련하지 않고 있다.

71) 대법원 2003. 5. 16. 선고 2001다44109 판결, 대법원 2005. 6. 10. 선고 2002다63671 판결, 대법원 2018. 9. 13 선고 2018다9920, 9937 판결, 대법원 2020. 8. 13. 선고 2018다236241 판결, 2023. 7. 13. 선고 2021다293213 판결 및 대상판결 등 다수의 판결에서 대법원은 주주평등의 원칙을 우리 상법상 원칙으로 인정하고 있다.

72) 특히, 다수의 이해관계인이 존재하는 PEF, 신기술사업투자조합, 벤처투자조합 등의 경우에는, 상장예비심사 신청 전에 해당 투자 Vehicle이 보유한 사전동의권을 조건 없이 포기하기 매우 어려울 것이다.

해제에 관하여 별다른 문제를 제기하지 않고 있는 것으로 파악된다.

한편, 대법원은 대상판결을 통해 원심판결을 파기하였으므로, 원심판결을 선례로 보기 어려운 것은 사실이다.[74] 다만, 대상판결이 원심판결을 파기하였다는 사실에 초점을 맞춘 나머지, '대법원이 사전동의권의 효력을 일반적으로 인정하였다'거나 '상장예비심사 신청 전에 사전동의권을 해제(조건부 해제 포함)할 필요가 없다'고 평가하지 않도록 유의하여야 한다.

대법원은 대상판결을 통해 회사가 일부 주주에게만 우월한 권리나 이익을 부여하기로 하는 약정은 원칙적으로 주주평등의 원칙에 반하여 무효이나, 그러한 차등적 취급을 정당화할 수 있는 특별한 사정이 있는 경우에는 예외적으로 효력을 인정할 수 있다고 판시하였다. 즉, 사전동의권 약정의 효력을 일반적으로 인정한 것이 아니고, 사전동의권 약정이 정당화될 수 있는 경우에 한하여 그 효력이 예외적으로 인정될 수 있다고 판단한 것이다.

나아가 대법원은 '차등적 취급을 정당화할 수 있는 특별한 사정'에 관하여 일응의 판단 기준을 제시하기는 하였으나, 그 판단기준이 굉장히 포괄적이고 구체적 사안마다 달리 판단될 수 있는 여지가 있어, 대상판결만으로는 특정한 사전동의권의 효력 유무를 사전에 판단하기가 매우 어렵다. 특히 대상판결은 판단 기준 중 하나로 '회사의 상장여부'를 제시하고 있으므로, 동일한 사전동의권이라 하더라도 상장 이후에는 무효로 평가될 가능성도 존재한다. 결국, 대상판결에도 불구하고 사전동의권에 관한 분쟁은 언제든 발생할 수 있을 것이며, 거래소로서는 상장예비심사 신청 전에 사전동의권을 해제(조건부 해제 포함)하도록 요구할 수밖에 없을 것으로 판단된다.

거래소는 대상판결 선고 이후 현재까지 기존의 입장을 변경하지 않은 것으로 파악되며, 향후에도 이러한 입장이 유지될 것으로 판단된다. 또한, 상장예비심사 신청을 준비하는 대부분의 회사는 현재 거래소의 기존 안내에 따라 사전동의권을 해제(조건부 해제 포함)하고 있는 것으로 파악된다. 다만 대상판결 선고 이후, 일부 투자

---

73) 참고로, 최초 투자계약서를 작성할 때부터, 투자자의 사전동의권은 회사가 상장하면 자동으로 해제·해지되는 것으로 정하는 경우도 있으며, 이러한 자동해제·해지 조항이 존재한다면 별도의 추가 합의서 체결은 불필요할 것이다.

74) 실제 서울고등법원은 원심판결에서 사전동의권이 무효라고 판시하였으나, 파기환송심(동일한 사안)에서 그 결론을 바꾸어 사전동의권의 효력을 인정하였다.

자가 사전동의권 해제(조건부 해제 포함) 합의서 체결에 반대하거나, 그 법적 근거에 관하여 질의하는 사례가 있으며, 그 소통과정에서 투자자와 회사 간의 관계가 악화되는 경우도 존재하는 것으로 보인다. 상장을 준비 중인 회사는 이러한 상황을 방지하기 위하여 법률전문가의 도움을 받아 투자자와 소통하는 것을 고려할 수 있으며, 상장을 염두에 두고 있다면 투자계약서에 미리 그 내용을 반영하는 것이 바람직할 것으로 판단된다.

Ⅲ

특수 IPO 실무

Ⅲ.1

PEF 운용사의 IPO

1. PEF 운용사 IPO

사모펀드(Private Equity Fund, PEF)는 비상장회사에 투자하여 기업가치를 제고한 후, 해당 투자대상회사의 IPO를 통해서 투자금을 회수하는 경우가 많다. 그런데 이와 달리 PEF 운용사 자체가 발행주식을 상장하는 경우도 나타나고 있다. 아래에서는 국내와 미국의 PEF 운용사 IPO 현황, 의의 및 실무상 쟁점에 관하여 살펴본다.

가. PEF 운용사 IPO 현황

1) 국내 주요 상장사 현황

2024년 말 기준 PEF 운용사 또는 벤처펀드 운용사(은행, 증권회사 제외) 중 18개사가 한국거래소에 상장(유가증권시장 1개, 코스닥시장 17개)되어 있는 것으로 파악된다.

회사명	구분	상장시장	상장일
스틱인베스트먼트	PEF 운용사	KOSPI	2021. 12. 17.
나우아이비캐피탈	PEF 운용사 / 벤처펀드 운용사	KOSDAQ	2018. 10. 4.

대성창업투자	벤처펀드 운용사	KOSDAQ	1999. 11. 30.
디에스씨인베스트먼트	벤처펀드 운용사	KOSDAQ	2016. 12. 19.
린드먼아시아인베스트먼트	PEF 운용사 / 벤처펀드 운용사	KOSDAQ	2018. 3. 14.
미래에셋벤처투자	PEF 운용사 / 벤처펀드 운용사	KOSDAQ	2019. 3. 15.
스톤브릿지벤처스	PEF 운용사 / 벤처펀드 운용사	KOSDAQ	2022. 2. 25.
아주아이비투자	PEF 운용사 / 벤처펀드 운용사	KOSDAQ	2018. 11. 21.
에스브이인베스트먼트	PEF 운용사 / 벤처펀드 운용사	KOSDAQ	2018. 7. 6.
에스비아이인베스트먼트	PEF 운용사 / 벤처펀드 운용사	KOSDAQ	1989. 9. 6.
에이티넘인베스트먼트	벤처펀드 운용사	KOSDAQ	1991. 7. 12.
엘비인베스트번트	PEF 운용사 / 벤처펀드 운용사	KOSDAQ	2023. 3. 29.
엠벤처투자	PEF 운용사 / 벤처펀드 운용사	KOSDAQ	1989. 3. 14.
캡스톤파트너스	PEF 운용사 / 벤처펀드 운용사	KOSDAQ	2023. 11. 15.
컴퍼니케이파트너스	벤처펀드 운용사	KOSDAQ	2019. 5. 23.
큐캐피탈파트너스	PEF 운용사 / 벤처펀드 운용사	KOSDAQ	1993. 6. 21.
티에스인베스트먼트	PEF 운용사 / 벤처펀드 운용사	KOSDAQ	2016. 12. 15.
에이치비인베스트먼트	PEF 운용사 / 벤처펀드 운용사	KOSDAQ	2024. 1. 25.

2024년 중 에이치비인베스트먼트가 코스닥시장에 상장되었다.

코스피에 상장된 운용사는 스틱인베스트먼트가 유일하다. 주요 상장회사(시가총액 기준)의 현황은 다음과 같다.

기준일: 2025. 1. 31.

구분	상장시장	시가총액 (억 원)	주가 (원)	PER	배당수익률*
스틱인베스트먼트	KOSPI	3,488	8,370	16.71	N/A
아주아이비투자	KOSDAQ	2,854	2,360	25.38	N/A

미래에셋벤처투자	KOSDAQ	2,515	4,735	12.81	N/A
에스비아이 인베스트먼트	KOSDAQ	1,245	768	20.21	N/A

*주당 배당금(최종 결산연도 기준의 중간배당금을 포함한 배당금) / 주가(기준일 현재 주가)

2) 미국 주요 상장 PEF 운용사 현황

외국에서도 Eurazeo(1974년, 프랑스 Eurafrance), 3i Group(1987년, 영국 LSE), Partners Group Holdings(1996년, 스위스 SWX), Blackstone(2007년, 미국 NYSE), KKR & Co.(2010년, NYSE), The Carlyle Group(2012년, NASDAQ) 등 PEF 운용사의 상장이 이미 70년대부터 이루어져 왔다.[1)] 이 중 미국시장에 상장된 주요 PEF 운용사는 다음과 같다.

기준일: 2025. 1. 30.

구분	상장시장	상장일	시가총액 (billion USD)	주가 (USD)	PER	배당수익률*
Blackstone	NYSE	2007. 6. 21.	217.17	177.78	61.76	1.93%
KKR	NYSE	2010. 7. 14.	148.25	66.87	49.74	0.42%
Apollo	NYSE	2011. 3. 29.	97.18	171.76	18.10	1.08%
TPG	NASDAQ	2022. 1. 13.	24.47	67.05	-198.19	2.27%
Carlyle	NASDAQ	2012. 5. 2.	20.14	6.31	173.18	2.49%

*주당 배당금(연간 배당금) / 주가(기준일 현재 주가)

1) 박용린 · 천창민 · 안유미, 해외선진PEF의 운영현황과 시사점, 자본시장연구원(2012), 참고.

나. PEF 운용사 IPO 의의

PEF 운용사가 발행주식을 상장할 필요성 및 그 의의에 대해 살펴본다.

1) 자본시장을 통한 수시 자본조달 가능

PEF 조성시 유한책임사원(Limited Partner, LP)은 책임운용 및 충실의무 제고를 위해 PEF 운용사(General Partner, GP)의 출자(GP Commitment)를 요구하게 된다.[2] 투자의 위험성이 높아 GP가 운용에 있어 보다 주의를 기울이고 책임을 다할 필요가 있는 경우에는 LP들이 GP에 대해 높은 출자비율을 요구하는 경우도 있다. 또한 펀드 조성 규모가 큰 경우에는 GP Commitment 자금 마련에 어려움을 겪을 수 있는데, PEF 운용사가 상장하게 되면 자본시장을 통한 자금조달이 가능하게 된다. 이를 통해 보다 적극적인 펀드 결성이 가능하고, LP에 대한 충실의무 수준도 높일 수 있다.

2) 해외 LP 신뢰도 제고 및 Global reach 확대

PEF 운용사가 상장하는 경우 자본시장법 및 거래소 공시규정에 따라 운용사의 영업, 투자, 재무활동에 관한 정보를 공시해야 되므로 국내 PEF 운용사가 조성하는 펀드에 출자하는 해외 LP들은 운용사에 대한 상당한 수준의 정보를 공시를 통해 확인할 수 있게 된다. 또한 상장을 위해 외부회계감사를 받고, 거래소의 상장예비심사 과정에서 회사의 운영에 관하여 점검하게 되므로, IPO에 성공한 운용사는 상장법인이라는 점을 해외 LP들에게 어필함으로써 운용사에 대한 신뢰도를 제고할 수 있다.

3) 소액투자자들의 사모펀드투자 간접 참여기회, 사모펀드 성장과실 공유

PEF는 사모의 방법으로 펀드를 조성하므로 소액의 자금으로 PEF에 투자할 수 없다. 그러나 상장된 PEF 운용사에 투자하는 것은 소액으로도 가능하기 때문에 소액투자자들이 운용사 주식에 투자함으로써 PEF의 투자에 간접적으로 참여하는 효과가 나타나고, PEF 운용 결실을 간접적으로 공유할 수 있게 된다.

한편, PEF운용사인 GP는 투자가 실패하더라도 펀드 관리보수를 펀드 재산 내에서 지급받으므로 투자가 실패하는 경우, GP 지위에서 출연한 투자금을 일부 손해보

---

2) 참고로 벤처펀드의 GP는 법령에 따라 펀드 출자금 총액의 1% 이상을 출자하여야 하는 의무를 부담한다(벤처투자법 제50조 제2항, 동법 시행령 제34조 제4호).

게 되고 성과보수를 지급받지 못하는 정도의 위험이 있을 뿐이다. 결국 PEF 운용사에 대한 투자는 PEF 운용사의 수익 체계(펀드 운용수익)에 대한 투자로 볼 수 있어, PEF 단의 높은 투자 위험이 PEF 운용사에게 완전히 전이되는 것이 아니기 때문에 PEF 투자 위험이 PEF 운용사 주주들에게 전이된다고 볼 수도 없다.

4) 설립자 Exit 및 임직원 보상 program 마련

2004년 국내에 사모펀드 제도 도입 이후 20년이 경과하면서, 국내 1세대 PEF 운용사 창립멤버들의 은퇴 시기가 다가오고 있다. 이러한 운용사들이 IPO하게 되면, 은퇴가 임박한 창립멤버들의 보유지분을 구주매출하거나 상장 이후 시장에서 매각할 수 있게 된다. 또한 임직원들에게 주식매수선택권을 부여하여 근로의욕을 고취하고, 우수 인력을 유치할 수 있는 수단의 하나로 활용할 수 있다는 장점도 있다.

다. PEF 운용사 IPO의 실무상 쟁점

1) 공시관련 이슈

현행 거래소 공시규정상 PEF 운용사가 운용하는 펀드 관련 공시의 공시범위는 명확하지 않다. 그리고 PEF에 출자하는 유한책임사원들은 PEF 운용사가 상장하는 경우 펀드 및 펀드 투자대상에 관한 정보가 공시될 수 있다는 점에 관한 우려가 있을 수 있다. PEF 운용사의 주요 사업은 펀드 결성, 투자 및 회수이므로 이러한 사업 현황에 관하여 주주들에게 적시에 공시하는 것은 매우 중요하나 그 공개 범위는 신중하게 결정해야 한다.

우선 PEF 운용사의 주 수익원은 펀드 관리보수이므로 유가증권시장에 상장된 운용사는 관리보수를 많이 받을 수 있는 규모가 큰 펀드(자기자본의 5% 이상) 결성에 관하여 공시하고 있다. 이때 펀드 결성에 관한 공시가 자칫 자본시장법상 청약의 권유에 해당하지 않도록 그 공시범위를 한정해야 하는데, 유가증권시징의 경우 펀드 결성예정일, 결성녹적, 결성예정금액, 운용기간, 당해법인의 출자금액, 결정일 등을 공시토록 가이드되고 있다(코스닥시장은 이런 기준이 없는 상태이다).

한편, PEF 운용사의 주 수익원은 관리보수와 성과보수인데 성과보수는 펀드의 청산 시점에 그 금액이 결정되고, 수령가능성도 불확실하다. 그리고 관리보수율은 결성되는 펀드마다 다르게 정해지는 영업기밀로 사전에 이를 공시하는 것은 유한책임사원과의 비밀유지의무 위반이 될 수도 있어서 곤란한 측면이 있다. 결국 실무적으로 유가증권시장의 경우 청산 전에 개별 펀드의 관리보수율이나 구체적인 손익분배 내역을 공시하지 않고 있고, 펀드 청산이 결정되는 경우 청산내역을 공시토록 하고 있다.

2) Governance 이슈 - 내부 투자의사결정기구와 상법상 의사결정기관과의 관계 조율

PEF 운용사의 펀드 결성 및 투자에 관한 주요 의사결정은 투자심의위원회 등 내부 투자의사결정기구에서 이루어지는 경우가 많다. 그런데 PEF 운용사가 상장법인이 되면, 수많은 주주가 생기고 주주들이 선임하는 이사들로 구성된 이사회에서 주요 경영판단이 이루어져야 하므로 상장 전 주요 의사결정을 하던 의사결정 주체와 상법상 의사결정기관인 이사회 및 주주총회와의 관계 조율이 필요하다.

주식회사는 주주총회와 이사회에서 중요한 경영사항에 관한 의사결정이 이루어지는데, PEF 운용사의 경우 펀드 결성, 투자 및 펀드 청산에 관한 의사결정이 주요한 경영상 의사결정이 된다. 따라서 이러한 의사결정도 주주가 선임한 이사들로 구성된 이사회를 중심으로 이루어져야 한다. 그러나 상법에 따라 상장법인은 사외이사를 선임해야 하고(상법 제542조의8), 투자 전문가가 아닌 자도 이사로 선임될 수 있어 번번이 이사회에서 투자 관련 의사결정을 해야 한다면, 의사결정의 효율성 측면에서 바람직하지 않다.

이 경우 상법상 이사회내 위원회를 구성하는 것이 해결 방법이 될 수 있다. 이사회내 위원회는 정관으로 정하는 바에 따라 설치할 수 있고 2인 이상의 이사로 구성하면 되므로 투자 전문 이사로 구성된 위원회가 투자에 관한 주요 의사결정을 하도록 할 수 있다. 그리고 상법에 따라 위원회는 결의된 사항을 각 이사에게 통지해야 하고, 통지받은 각 이사는 이사회 소집을 요구하여 이사회에서 위원회가 결의한 사항에 대해 다시 결의할 수 있으므로 위원회가 이사회의 권한을 침해하는 것으로 볼 수도 없어 적절한 해결 방법이라고 판단된다(상법 제393조의2).

Ⅲ.2

PEF가 최대주주인 기업의 IPO

1. 개관

경영참여를 목적으로 하는 사모집합투자기구(이하 'PEF')는 소수의 투자자들로부터 자금을 모집해 기업 경영권을 인수(buyout)하고 기업가치를 제고시킨 후 매각을 통한 수익확보를 주된 사업으로 삼는 사모펀드로서, 투자회수(exit) 수단은 M&A를 통한 경영권매각(management buyout) → 다른 사모펀드에 경영권 매각(secondary buyout) → IPO(PE-backed IPO) 순으로 많이 활용되고 있다.

특히, IPO를 통한 매각(exit)은 상장 및 공모절차 등에 따른 시간·비용 소모 및 경영권 프리미엄 부재로 인해 활용도가 M&A나 Secondary buyout보다 일반적으로 선호되지는 않으나, 대규모 딜 소화가 가능하고 M&A시 발생가능한 공정거래법 등 규제이슈가 없으며, 주식시장 상승기에는 분할 매각을 통해 수익 극대화를 추구할 수 있는 등 장점으로 인해 의미 있게 활용할 수 있음에 따라 특히 IPO시장 활성화시 사례가 증가하는 경향이 있다.

미국, 유럽 등 선진국에서는 PEF지배기업의 IPO(PE-backed IPO)가 PEF의 투자회수 방법으로 널리 활용되고 있는 반면, 국내에서는 '13년 업계요청에 따라 실무상 상장을 허용하기 이전까지는 상장이 불허되었으며, '14년 상장규정 개정을 통해 처음으로 PE-backed IPO를 제도상으로도 수용하게 되었다.

2. 일반기업과의 차이

PEF지배기업의 경우 전문경영인 배치, 경영참여, 경영 효율화 등을 통한 내부통제 강화, 사업 자금 지원 및 영업 네트워크 지원 등 비즈니스 역량 강화 등을 통한 PEF의 기업가치 제고 노력의 영향으로 인해 IPO심사시 기업계속성(영업지속성 및 재무안정성) 및 경영투명성 측면에서 일반기업보다 유리한 평가가 가능하다.

반면, 지분 매각 후 투자금 회수를 목적으로 하는 PEF 특성상 상장 이후 최대주주 지분매각이 불가피하게 되므로 상장 이후 경영 안정성이 불확실하게 되는 문제가 생긴다. 또한, IPO가 기업의 성장재원 조달이 아닌 구주주 EXIT으로 활용됨에 따라 기업가치 산정 측면에서 기관투자자들의 부정적 시각도 존재할 수 있다.

이러한 경영 안정성 이슈 등으로 인해 거래소는 '13년 전까지 PE-backed IPO의 상장을 불허하였으나, 이후 업계 요청 및 선진국 사례를 감안하여 '14년부터 경영 안정성 확약 및 의무보유를 통해 상장이후 경영 안정성 확보를 보장할 수 있는 방식에 한하여 제도적으로 상장을 허용하게 되었다.

PEF지배기업에 대한 상장 이후 경영 안정성 확보 수단으로 거래소는 아래와 같이 의무보유, PE의 경영 안정성 보장 확약서 제출 및 확약내용의 증권신고서 공시를 통한 이행담보를 실무상 도구화 하여 활용하고 있다.

[경영 안정성 확보 방법]

구분	주요 내용
경영권 매각방법	• 경영의사가 있는 개인 또는 법인으로 매각대상 한정 • 경영권 공백을 초래할 수 있는 분산매각 불허

	• 다른 PEF나 재무적투자자(FI)에게 매각 시(secondary-buyout) 확약내용 승계
확약방법	확약서 징구, 증권신고서 공시
의무보유	• (유가증권시장) 의무보유 기간 중 경영권 매각이 가능하나, 인수인은 인수 후 6개월 의무보유 • (코스닥시장) 의무보유 기간 중 원칙상 매각이 불가능하나, 인수/합병이 불가피함을 거래소가 인정하는 경우에 한해 매각을 허용하되, 인수인은 잔여기간 동안 의무보유

결과적으로 PEF지배기업은 기업계속성 및 경영투명성 이슈가 상대적으로 적고 경영 안정성 이슈도 해소 가능해짐에 따라 상장승인 가능성이 일반기업 보다 높아진 것으로 평가될 수 있겠다.

다만, 일부 PEF 지배기업의 경우, 기업인수 및 IPO 과정에서 LBO방식의 기업인수, 인수금융비용의 인수기업 전가, 상장신청전 과도한 배당지급, 공모 가격 상향시도, 인수 후 기업가치 제고 노력 없이 단기간내 IPO 신청 등을 통해 과도한 투자수익을 추구하고 투자회수 수단으로 IPO를 악용한다는 비판을 받게 되었는데, 결국 공모 투자자들이 그 부담을 떠안는 결과를 초래하게 됨에 따라 거래소는 투자자 보호를 위해 관련 이슈에 대한 심사를 '21년부터 강화하고 있다.

3. 상장사례

PEF지배기업이 한국거래소에 처음 상장된 사례는 2016년 코스닥시장에 상장한 A사로서 당시 최대주주인 PEF는 50% 미만을 소유하고 있었으며, 상장이후 경영 안정성 보장을 위해 2대주주에게 우선매수권을 부여하고 거래소에 경영 안정성 확약서를 제출하였으며 이를 증권신고서에 기재함으로써 이행을 담보한 후, PEF 소유지분에 대한 구주매출 없이 상장을 하게 되었고, 상장 후 약 2년 8개월만에 2대주주에게 보유지분과 경영권을 매각하였다.

이후 유가증권시장에 상장한 B사 및 코스닥시장에 상장한 C사는 모두 PEF가

100% 지배한 회사로서, A사 사례와 동일하게 경영 안정성 확약서 제출 및 증권신고서 공시를 거쳐, PEF 소유주식 중 40%를 구주매출한 후 상장하게 되었으며, 상장 후 B사는 약 1년 8개월, C사는 약 2년 2개월만에 잔여 지분 60%를 전량 매각하였다.

[PEF지배기업의 IPO 사례]

구분	A사	B사	C사
개요	• 지배구조 PEF → A사 • '2016년 코스닥 상장	• 지배구조 PEF → SPC → B사 • '2017년 코스피 상장	• 지배구조 PEF → SPC → C사 • '2017년 코스닥 상장
경영 안정성 보완	• (의무보유) 1년 • (경영 안정) - 2대주주에게 우선매수권 부여 - 최대주주(PEF) 확약서 · 경영의사 있는 대상에 매각 · Secondary buyout시 확약 승계 · 분산매각 금지 - 증권신고서 확약 공시 - 자진 의무보유 6월	• (의무보유) - SPC지분: 1년 - B사지분: 1년 • (경영 안정) - 최대주주(PEF) 확약서 · 경영의사 있는 대상에 매각 · Secondary buyout시 확약 승계 · 분산매각 금지 - 증권신고서 확약 공시	• (의무보유) - SPC지분: 1년 - C사지분: 1년 • (경영 안정) - 최대주주(PEF) 확약서 · 경영의사 있는 대상에 매각 · Secondary buyout시 확약 승계 · 분산매각 금지 - 증권신고서 확약 공시 - 자진 의무보유 6월
공모	자사주 구주매출 & 신주발행(최대주주 구주매출 無)	최대주주(PEF) 40% 구주매출	최대주주(PEF) 40% 구주매출
상장 후 buyout	의무보유기간 종료 후 2대주주에게 경영권양도	의무보유기간 종료 후 타법인에게 경영권양도	의무보유기간 종료 후 PEF간 Secondary-buyout

'14년 PEF 지배기업에 대한 IPO가 제도적으로 허용된 이후 지금까지 몇몇 기업이 상장에 성공하였고 그중 일부는 PEF가 최종 EXIT(투자회수)까지 마무리하였다. 2015년 사모펀드 제도개편 이후 신설 PEF가 지속적으로 증가해 왔고 PEF 투자도 활성화되고 있는 상황을 감안해 볼 때 IPO시장을 통한 PEF의 EXIT에 대한 니즈는

앞으로 더욱 커질 것으로 보인다.

IPO 관점에서 바라본다면, PEF지배기업은 일반적으로 PE의 엄격한 통제 및 경영관리가 수반됨에 따라 일반기업보다 상장적격성이 높은 것으로 평가될 여지가 크다 다만, 최근 거래소는 IPO과정에서 PEF의 과도한 수익추구에 따른 공모 투자자의 피해를 방지하기 위해 투자자 보호 관점에 한해 상장심사가 엄격해졌으므로 PE-backed IPO 준비 시 유의해야 하겠다.

Ⅲ.3

외국기업의 한국거래소 IPO

외국기업의 한국거래소 상장은 국경을 넘어 보다 풍부하고 효율적인 자금 조달의 기회가 된다. 특히 발행사가 한상기업인 경우와 같이 실질적으로 해외에서의 영업이 한국인을 위주로 이루어지는 경우 또는 한국향 거래가 대부분인 경우, 그리고 한국에 모회사가 보유하고 있는 해외 자회사를 상장시키고자 하는 경우에는 투자자들의 회사에 대한 인지도와 회사의 제도/언어 친숙도를 고려할 때 한국거래소 상장이 설립지 거래소 상장보다 비용과 시간 및 자금조달 측면에서 효율적인 경우가 많다. 또한, 투자자 입장에서는 한국거래소 내에서 투자할 수 있는 기업의 선택지를 늘릴 수 있어 지리적, 사업적 관점에서 다양한 포트폴리오를 구성할 수 있다는 장점이 있다.

외국기업을 한국거래소에 직/간접적으로 상장하여 외국기업의 수익을 한국 공모주주들에게 배당/환원할 수 있도록 하는 구조는 여러 방식이 있다. 크게는 (i) 발행사의 주식이나 지주회사의 주식(홍콩/케이만등 외국 소재 또는 한국 소재)을 거래소에 상장하는 방식과 (ii) 발행사의 주식을 표창하는 증권예탁증권(Depositary Receipts, 이하 'DR', 국내 발행 DR을 'KDR')을 상장하는 방식으로 나뉜다.[3] 이 글에서는 위 상장 방식의 개요를 설명하되, DR 상장 방식을 중심으로 그 구조 및 상장요건, 주요 이슈에 대하여 구체적으로 설명한다.

---

3) 한국거래소. (2013). 외국기업을 위한 상장 가이드. p.62.

1. 외국기업의 한국거래소 IPO 구조 및 상장요건

가. 상장 방식의 결정

1) 지주회사 방식의 상장

외국기업은 이를 지배하는 지주회사의 주식을 한국거래소에 상장하여 간접적으로 한국 투자자들의 투자를 유치할 수 있다. 이때 지주회사의 소재지에 따라 이를 외국지주회사와 국내소재외국지주회사 또는 외국기업지배지주회사(각 코스닥시장/유가증권시장, 통칭하여 '한국 지주회사') 방식의 상장으로 나눈다. 소재지 국가의 법제도나 관행의 불확실성이 크거나 한국법과의 충돌 가능성이 있는 경우, 이러한 지주회사 방식을 통한 상장이 법적으로 보다 안정적인 구조일 수 있다. 현재 한국거래소에 상장되어 있는 외국지주회사는 모두 홍콩 또는 케이만 법인으로, 중국 및 라오스 등 법제도나 관행의 불확실성이 있는 국가에 소재한 자회사[4]의 지배를 목적으로 하여 설립되어 있다.

한편, 홍콩이나 케이만 등 외국이 아닌 한국에 지주회사를 설립하여 상장하는 것도 한국거래소에서 허용하고 있는데, 이는 한국에 영업소를 두는 조건 하에 허용된다. 이러한 경우 상장되는 해당 지주회사의 설립 준거법 자체가 한국법이고, 그 주식 관련 사무 처리 모두 한국법에 따라 이루어지며, 한국 회계기준에 따른 외부감사를 진행하므로, 외국지주회사에 비해 투자자보호 측면에서 유리하게 평가될 가능성이 높다. 다만 이러한 한국지주회사 방안을 활용하기 위해서는 외국기업의 주주현황을 기초로 지주회사 편입 과정에서 발생할 조세 문제 및 현지 인허가 문제를 면밀히 분석할 필요가 있다. 한국지주회사에 외국자회사의 주식을 현물출자하는 경우 양 국가에서 이중과세 및 양도소득세 등 세무 이슈와 관련하여 검토 및 사전 대응이 필요하기 때문이다.

---

4) 중국 외의 지역에 소재한 회사는 2010.11. 30.에 상장된 엘브이엠씨(라오스 소재. 구 코라오홀딩스)가 유일하다.

2) 원주 상장과 DR 상장

원주 상장은 설립지에서 발행한 주권을 한국거래소에 직접 상장하는 방법을 의미하고, DR 상장은 주권을 외국에서 발행한 후 이를 한국예탁결제원에 예탁하고 증권예탁증권을 발행하여 이를 상장하는 방법을 의미한다. 두 방식 모두 한국거래소에서 외국기업의 상장 방식으로 인정되고, 둘 중 어느 방식을 택할 것인지는 발행사 자율이며, 한국거래소에서도 대표주관회사 및 법무법인과 상의하여 정하도록 권장하고 있다.

다만, 최근의 외국기업 상장은 대부분 DR방식의 상장으로 이루어지는 추세이고, 최근 5년간 한국거래소에 상장된 외국기업의 경우(외국기업을 지배하는 한국지주회사 제외) 모두 DR방식으로 상장되었다. 현재 상장되어 있는 회사 중 한국거래소에 영업의 실체를 보유하고 있는 회사의 원주를 직접 상장시킨 사례는 단 한 건으로,[5] 특히 최근 10년간 한국거래소에 원주를 상장시킨 사례는 전무하다. 한국거래소에 원주를 상장한 회사들은 대부분 해외 자회사의 지배를 목적으로 하여 홍콩 또는 케이만에 설립된 외국지주회사에 해당한다.

KDR은 원주식을 외국기업 소재지국의 보관기관에 보관하고 이를 기초로 한국예탁결제원이 투자자를 상대로 DR을 발행하여 공모절차를 거친 뒤 상장시키는 방식이다. KDR 발행의 경우에도 원주를 상장하는 경우와 유사하게 정관을 정비해야 하고, 외국기업 소재지국 법령상 허용되는 경우 한국에서 주주총회를 개최하는 등 투자자 보호를 위한 조치를 취하도록 권고하고 있다. KDR을 발행하는 경우에는 발행사가 한국예탁결제원과 예탁계약을 체결한다.[6]

---

5) 지주회사를 제외하고 실제 영업을 하고 있는 회사의 원주를 상장시킨 사례는 2010. 4. 21. 상장된 애머릿지(미국 캘리포니아 소재. 구 뉴프라이드 코퍼레이션)가 유일하다.

6) 물론, 원주를 상장하는 경우에도 한국예탁결제원과 주식사무대행계약을 체결하여야 한다.

[원주 및 DR 상장시의 장단점]

구분	원주 상장	DR 상장
장점	• 신규상장 및 향후 유상증자시 업무 처리 절차가 간편 • 주주권 직접 행사 가능	• 설립국가 및 한국간 법률상충 문제 발생 시 적은 범위의 정관개정 가능 • 원주의 DR 전환비율을 자유롭게 결정 가능
단점	• 설립국가 및 한국간 법률상충문제 발생시 넓은 범위의 정관개정 필요 (설립지 감독당국의 신고 수리 및 승인 필요) • 상장 후 안정적인 유통주식수 확보를 위해 주식분할 검토 필요	• 예탁계약 체결 등 상장 시 업무처리 절차가 원주에 비해 복잡 • 주주권 직접 행사 불가능. 특히, 유상증자 및 소수주주권 행사에 있어 사례가 없는 경우가 많아 한국예탁결제원과 사전 협의 후 가능성을 조율해야 함(ex. 한국예탁결제원 시스템상 주주배정 유상증자가 진행된 사례 없음)

나. 상장요건

[유가증권시장의 외국기업 및 외국지주회사 신규상장요건][7)]

요건		외국기업	외국지주회사
영업활동기간		3년 이상 • 합병 · 분할 분할합병 · 종속회사 편입 · 자산양수 · 영업양수는 실질적인 영업활동기간을 고려	〈좌동〉 지주회사는 주요자회사의 실질적인 영업활동기간 고려
기업규모 등		자기자본 300억 원 이상	〈좌동〉
국내공모주식수		100만주 이상	〈좌동〉
주식분	일반주주	다음 중 택1 ① 일반주주 지분율 25% 이상 또는 500만주 이상	〈좌동〉

7) 한국거래소. (2024). 유가증권시장 상장심사 가이드북. p.285.

요건		외국기업	외국지주회사
산	소유주식수등	② 공모주식수 25% 이상 또는 500만주 이상 ③ 공모주식수 10% 이상이고, 자기자본별(또는 기준시가총액별) 공모주식수가 다음에 해당 • 500억~1,000억원(또는 1,000억원~2,000억원): 100만주 이상 • 1,000억~2.500억원(또는 2,000억~5,000억원): 200만주 이상 • 2,500억원 이상(또는 5,000억원 이상): 500만주 이상 ① 국내외동시공모주식수 10% 이상 & 국내 공모주식수가 100만주(액면가 5,000원 기준) 이상 * 해외증권시장 상장법인의 경우 면제	
	일반주주수	500명 이상	〈좌동〉
경영성과		다음 중 택1 가. ①, ②, ③ 모두 충족 ① 매출액 최근 1,000억원 이상 & 3년 평균 700억원 이상 ② ROE 및 이익(택1) ⅰ. ROE: 최근 5%, 3년합계 10% ⅱ. 이익액: 최근 30억원, 3년합계 60억원 ⅲ. 자기자본 1,000억원 이상 기업: - 최근 ROE 3% 또는 법인세비용차감전계속사업이익 50억원 이상 - 최근 영업현금흐름(+) 나. 최근 매출액 1,000억원 이상이고, 기준시가총액 2,000억원 이상 다. 최근 법인세비용차감전계속사업이익 50억원 이상이고, 기준시가총액	〈좌동〉 〈매출액 개념〉 "연결재무제표상 매출" 〈이익 및 ROE 개념〉 '연결재무제표 기준' 단, 설립 후 3년 미만: - 설립 후 기간: 연결재무제표 기준 - 설립 전 기간: 자회사의 당시 개별재무제표 Σ(자회사이익x지분율)기준 - 설립 후 1년 미만: 각 자회사 최근 이익(+) 〈영업현금흐름 개념〉 '연결재무제표 기준' - 설립 후 1년 미만: Σ(자회사영업현금흐름x지분율)기준

요건	외국기업	외국지주회사
	2,000억원 이상 라. 기준시가총액 5,000억원 이상이고, 자기자본이 1,500억원 이상 마. 기준시가총액 1조원 이상	
감사의견	최근연도 적정, 직전2사업연도 적정 또는 한정(감사범위제한에 따른 한정은 제외)	〈좌동〉
양도제한	주식양도제한 없을 것	〈좌동〉
의무보유	- 최대주주등: 상장일로부터 6월 - 상장예비심사신청일 이전 1년간 최대주주등으로부터 주식을 매입한 자: 상장일부터 6월 - 상장예비심사신청일 이전 1년간 3차배정으로 신주취득: Max(상장 후 6월, 신주발행 후 1년)	〈좌동〉
심사기준	기업의 계속성, 경영투명성, 경영의 안정성, 상법상 주식회사 특성, 기타 투자자보호	〈좌동〉
사외이사	상법상 사외이사 선임의무 충족[8)]	〈좌동〉
상근감사 감사위원회	상법상 상근감사 선임 또는 감사위원회 설치 의무 충족[9)]	〈좌동〉

[코스닥시장의 외국기업 및 외국지주회사 신규상장 요건]

요건	외국기업	외국지주회사
주식분산	* 모집 · 매출 상장의 경우(아래 중 택일) ① 소액주주 500인 이상 & 지분 25% 이상으로 아래의 요건 중 하나 충족 - 심사청구일 소액주주지분 25% 미만 → 10% 이상 모집 · 매출(단, 상장신청일에는 소액주주지분 25%	〈좌동〉

8) 적격 해외증권시장 상장 후 3년 이상 경과된 법인으로서, 사외이사가 1명 이상 있을시 충족한 것으로 인정.

9) 적격 해외증권시장 상장 후 3년 이상 경과된 법인으로서, 감사를 선임 또는 일정 감사위원회를 설치하였을 경우 충족한 것으로 인정.

요건	외국기업	외국지주회사
	이상이어야 함) - 심사청구일 소액주주지분 25% 이상 → 5% & 10억원 이상 모집 · 매출 ② 소액주주 500인 이상 & 모집(매출) 지분이 10% 이상으로 아래의 요건 중 하나 충족 - 자기자본(or 시가총액) 500~1,000억원(1,000~2,000억원): 100만주 이상 - 자기자본(or 시가총액) 1,000~2,500억원(2,000~5,000억원): 200만주 이상 - 자기자본(or 시가총액) 2,500억원(5,000억원) 이상: 500만주 이상 * 해외거래소에 상장된 외국기업의 경우 - 상장신청일 현재 소액주주 500인(국내 공모) 이상 & 30만주(국내 공모) 이상 * 국내외 동시 공모의 경우 - 상장신청일 현재 국내외동시 공모 20% 이상 & 국내 공모주식수 30만주 이상 & 소액주주 500인(국내 공모) 이상	
경영성과 및 시장평가	〈수익성 또는 매출액 기준〉 아래의 요건 중 하나 충족: - 법인세비용차감전계속사업이익 50억원 이상 - 법인세비용차감전계속사업이익 20억원(벤처기업의 경우 10억원) 이상 & 기준시가총액 90억원 이상 - 법인세비용차감전계속사업이익 20억원(벤처기업의 경우 10억원)	〈좌동〉 * 시장평가 또는 성장성 기준은 적격 해외증권시장(홍콩/싱가포르 제외) 소재지에 설립된 외국기업의 경우에만 적용됨 * 최근사업연도 1년 미만: - 계속사업이익: Σ(자회사

요건	외국기업	외국지주회사
	이상 & 기준시가총액 30억원 이상 - 법인세비용차감전계속사업이익 시현 & 기준시가총액 200억원 이상 & 최근사업연도매출액 100억원(벤처기업의 경우 50억원) 이상 또는 〈시장평가 또는 성장성 기준〉 아래의 요건 중 하나 충족: - 기준시가총액 1,000억원 이상 - 기준시가총액 500억원 이상 & 공모(매출만 하는 경우 제외) 후 자기자본 대비 기준시가총액 비율이 100분의 200 이상 - 기준시가총액 500억원 이상 & 최근사업연도매출액 30억원 이상 & 최근 2개 사업연도매출액 증가율의 평균이 100분의 20 이상 - 기준시가총액 300억원 이상 & 최근사업연도매출액 100억원(벤처기업의 경우 50억원) 이상 - 코넥스시장 상장법인 기준시가총액 750억원 이상 & 최근 1년동안 일평균거래대금이 1억원 이상 & 소액주주 보유주식 총수가 100분의 20 이상	계속사업이익 x 설립 또는 전환 당시 지분율) - 자기자본: 설립 또는 전환 시 - 매출액: 외국자회사의 최근 사업연도 매출액의 합계
감사의견	최근사업연도 적정	〈좌동〉 * 최근사업연도 1년 미만 국내소재외국지주회사의 경우: 외국자회사 감사의견 포함

요건	외국기업	외국지주회사
주식의 양도 제한	주식양도 제한이 없을 것	〈좌동〉
상근감사	최근 사업연도말 자산총액 1천억원 이상인 기업의 경우 상근감사를 둘 것 * 단, 적격해외증권시장 상장 후 3년 경과한 경우 본국 및 해당 해외증권시장의 기준 고려 가능	〈좌동〉
사외이사	이사 총수의 1/4 이상(신규상장 후 최초 소집하는 정기주총에서 선임하면 요건충족으로 인정) * 단, 적격해외증권시장 상장 후 3년 경과한 경우 본국 및 해당 해외증권시장의 기준 고려 가능	〈좌동〉
기타	-	* 국내소재외국지주회사의 경우: - 상장예비심사신청 전에 상장 절차 및 상장 시기 등을 거래소와 협의할 것 - 국내에 영업소 설치 등 실질적인 사무시설을 갖출 것 - 이익미실현기업으로 상장하고자 상장예비심사를 신청하는 경우에는 외국자회사가 적격 해외증권시장(홍콩거래소 또는 싱가포르거래소는 제외한다) 소재지에 설립되었을 것

이전에는 외국기업 및 외국지주회사의 상장요건과 일반기업의 상장요건에 일부 차이가 존재하여, 주주의 수와 경영성과에 있어 일부 외국기업에 대해 조금 더 엄격한 기준이 적용되는 경우가 있었다. 현재는 규정상으로 상장요건에 있어 외국기업과 한국기업 사이에 형식적으로 큰 차이를 두고 있지는 않다.

다만 회계 감사의 경우에는, 외국주권 상장신청인에 대해서 회계투명성 및 투자자 보호를 위해 적용되는 회계기준과 외부감사인의 자격요건을 제한하고 있다(유가증권시장 상장규정 제15조, 코스닥시장 상장규정 제15조). 이러한 자격요건 제한은 외국기업의 회계부정 사례가 발생하였던 일로 말미암아 국제 업무를 제대로 수행할 수 있는 회계법인이어야 투자자보호를 강화할 수 있다는 반성적 고려에 의한 것이다. 실무적으로는 상장규정상의 자격요건 이외에도 외국기업에 대한 전문성이 충분한지를 고려하여, 국제적으로 인정된 대형회계법인(Big4: PWC, Deloitte, E&Y, KPMG)으로 그 자격을 제한하고 있다.[10)]

이러한 자격요건의 제한은 한국지주회사 방식의 상장에는 적용되지 않는다. 한국지주회사는 국내 일반기업과 동일하게 지정감사를 받기 때문이다. 단 이 경우에도 위와 동일한 이유로 국제 업무를 수행할 수 있는 대형 회계법인이어야 해외 소재 자회사의 회계 감사를 포함한 해외 업무를 조율할 수 있기 때문에, 지정감사 과정에서 해당 업무를 수행할 수 있는 회계법인이 지정되도록 조율할 필요가 있다.

[법률의견서 및 법률실사보고서 주요 기재사항]

법률의견서 주요 내용 (주요 자회사 포함)	• 회사 설립의 적법성 • 주식에 관한 사항(주식발행의 적법성, 납입완료 사항 등) • 세무에 관한 사항 • 외환 관련 사항(외환등기, 규제, 배당금 송금 등) • 소송/법규 위반 여부(계류중인 소송 영향 등) • 증권 발행 및 공모의 적법성 • 대표주관계약의 적법성 • 예탁계약의 적법성(DR상장의 경우) • 한국거래소 상장의 적법성 및 해당국 정부 승인필요 여부 • 해외투자자에게 적용될 법적 제한 및 위험
법률실사보고서 주요 내용 (주요 자회사 포함)	• (일반정보) 기업구조, 자본 및 주주현황, 정관, 소송 및 분쟁 • (조직 및 인사) 지배구조, 특수관계인 거래, 회사 정책 및 절차 • (주요계약) 담보 설정, 대출약정, 고용계약, 주주간 계약, 노동조합, 상표, 상호 • (세제) 사업관련 법인세율 및 감면혜택, 배당관련 세금, 과소자본 규제 여부 등 • (외환관리) 외환규제, 송금절차 등

10) 한국거래소. (2024). 코스닥 상장심사 이해와 실무. p.180.

한편, 상장신청시 필수 제출서류 중 한국 및 현지 법무법인의 법률의견서 및 법률실사보고서(자회사 포함)가 있다. 즉, 외국주권 상장신청인의 경우 법률실사가 의무적이다. 이는 상장신청인이 발행한 외국주식의 국내발행 및 상장 적법성, 규제차이로 인한 영향, 투자자보호를 위한 리스크의 분석을 위함이다.

따라서 한국거래소 상장을 위해서는 한국 법무법인과 외국기업 설립지 법무법인을 선임해야 하며, 지주회사 구조를 사용하는 경우 실체가 있는 자회사가 설립되어 있는 국가의 법무법인과 지주회사가 설립된 국가의 법무법인도 각각 선임하여야 한다. 각 국가별 법무법인 선정은 상장 전반의 법적 문제를 총괄하는 한국 법무법인을 우선 선정하고, 그 외 법무법인을 한국 법무법인의 도움을 받아 순차적으로 선임하는 절차를 거치는 것이 일반적이다.[11)]

특히 본국 및 한국의 법령, 규제체계, 회사 정관 등과 관련하여 국내 투자자의 권리행사(주식양도, 배당, 의결권, 신주인수권 등)를 제한하는 특이사항 여부를 검토하고, 법령 및 증권관련 규제체계의 차이로 인하여 한국에서의 주권 등의 발행·상장·유통에 있어 영향을 미칠 수 있는 특이사항 여부, 상장신청인이나 국내 투자자의 권리행사 등에 미치는 영향, 외상투자기업의 투자총액 및 등록자본금 완납여부를 확인하고, 향후 공모자금을 해외 자회사로 송금시 절차 등에 문제가 없는지 검토한다. 실사 결과를 토대로 한국 법무법인과 외국기업 소재지국 법무법인이 외국주식의 국내발행 및 상장적법성 등을 확인할 수 있는 법률 의견서 및 법률실사보고서를 발급하여 제출해야 한다.[12)]

외국기업 정관필수기재사항

1. 주주총회

(1) 소집시기

① 회사의 주주총회는 정기주주총회와 임시주주총회로 한다.

② 정기주주총회는 매 사업년도 종료 후 4월 이내에, 임시주주총회는 이사회 결의, 발행주식총수의 100분의 3 이상 또는 6개월 전부터 계속하여 발행주식총수의 1천분의 15 이상에 해

11) 한국거래소. (2013). 외국기업을 위한 상장 가이드. p.60.

12) 한국거래소. (2024). 유가증권시장 상장심사 가이드북. p.257.; 한국거래소. (2024). 코스닥 상장심사 이해와 실무. p.170.

당하는 주식을 가진 주주의 소집청구, 감사 또는 감사위원회의 소집청구, 법원의 명령 등이 있는 경우에 소집한다.

(2) 소집절차(통지 및 공고)

주주총회를 소집함에는 그 일시, 장소 및 회의의 목적사항을 총회일 2주간 전에 주주에게 서면 또는 전자문서로 통지를 발송하여야 한다.

(3) 주주총회 특별결의사항

① 다음 각 목의 어느 하나에 해당하는 경우에는 주주총회의 특별결의에 의하여야 한다.

가. 회사의 정관 변경, 합병 및 분할, 주식분할, 해산, 자본감소, 영업의 전부 또는 중요한 일부의 양도, 다른 회사의 영업 전부의 양수

나. 다른 회사 주식 소유만을 목적으로 하는 외국지주회사(국내소재외국지주회사를 포함한다. 이하 제2항에서 같다)의 경우 자회사의 합병, 분할, 해산, 청산 또는 회사 형태의 변경, 영업의 전부 또는 중요한 일부의 양수·도, 제3자 배정 유상증자 및 자회사 지분의 처분

② 주주총회의 특별결의는 출석한 주주의 의결권의 3분의 2 이상의 수와 발행주식총수의 3분의 1 이상의 수로써 하여야 한다. 다만, 외국지주회사가 다음 각 목의 어느 하나에 해당되는 경우(그와 관련하여 정관을 변경하는 경우를 포함한다)에는 출석한 주주의 의결권의 4분의 3 이상의 수와 발행주식총수의 3분의 2 이상의 수로써 하여야 한다.

가. 주요외국자회사(세칙 제33조제11항제4호 마목의 주요외국자회사를 말한다. 이하 이 항에서 같다) 지분의 전부 또는 일부를 매각하여 해당 주요외국자회사가 외국자회사 지위를 상실하게 되는 경우

나. 주요외국자회사 영업의 전부 또는 중요한 일부의 양도 등으로 인하여 실질적인 영업활동이 중단되는 경우

(4) 소집장소

주주총회는 본점 소재지 또는 회사가 상장된 거래소 소재지에서 개최한다.

(5) 종류주주총회

① 회사가 수종의 주식을 발행한 경우에 주식의 종류에 따라 특수한 정함을 하거나, 정관의 변경, 주식교환·주식이전·합병·분할·분할합병 등으로 인하여 어느 종류의 주주에게 손해를 미치게 될 때에는 주주총회의 결의 외에 그 종류의 주주총회의 결의가 있어야 한다.

② 종류주주총회의 결의는 출석한 주주의 의결권의 3분의 2 이상의 수와 그 종류의 발행주식 총수의 3분의 1 이상의 수로써 하여야 한다.

③ 주주총회에 관한 규정은 의결권 없는 종류의 주식에 관한 것을 제외하고 종류주주총회에 준용한다.

2. 이사

(1) 이사의 수와 사외이사의 선임

① 회사의 이사는 3명 이상 ○명 이내로 하고, 사외이사는 이사 총수의 4분의 1 이상(최근 사업연도말 현재 자산총액이 2조원 이상인 경우에는 3명 이상으로 하되, 이사 총수의 과반수)으

로 한다. 다만, 적격해외증권시장에 3년 이상 상장된 경우 사외이사는 1명 이상으로 한다.
② 사외이사후보추천위원회를 설치한 경우 본국의 관련 법령 등에서 정한 자격을 갖춘 자 중에서 사외이사 후보를 추천한다.
③ 사외이사 후보의 추천 및 자격심사에 관한 세부적인 사항은 사외이사후보추천위원회에서 정한다.
(2) 이사의 보수
이사의 보수 및 퇴직금은 이 정관에 그 액을 정하지 아니한 때에는 주주총회의 결의로 이를 정한다.
(3) 이사회의사록과 주주열람권
① 이사회의 의사에 관하여는 의사록을 작성하여야 한다.
② 의사록에는 의사의 안건, 경과요령, 그 결과, 반대하는 자와 그 반대 이유를 기재하고 출석한 이사 및 감사가 기명날인 또는 서명하여야 한다.
③ 주주는 영업시간 내에 이사회의사록의 열람 또는 등사를 청구할 수 있다.
④ 회사는 주주의 이사회의사록 열람 또는 등사 청구에 대하여 이유를 붙여 이를 거절할 수 있다.
(4) 이사의 책임면제
이사의 직무상 위법행위로 인한 회사에 대한 손해배상책임은 총주주의 동의로 면제할 수 있다.
3. 감사 또는 감사위원회
(최근 사업연도말 현재 자산총액이 2조원 이상인 경우에는 감사위원회를 설치하여야 한다)

〈감사를 선임하는 경우〉

(1) 감사의 수와 선임
① 회사의 감사는 1명 이상 ○명 이내로 한다. 이 경우 최근 사업연도말 현재 자산총액이 1천억원 이상인 경우에는 감사 중 1명 이상은 상근감사이어야 한다.
② 감사는 주주총회에서 선임하며, 감사의 선임을 위한 의안은 이사의 선임을 위한 의안과는 구분하여 의결하여야 한다.
③ 감사의 선임은 출석한 주주의 의결권의 과반수와 발행주식총수의 4분의 1 이상의 수로써 하여야 한다.
(2) 감사의 임기
감사의 임기는 취임 후 3년 내의 최종의 결산기에 관한 정기주주총회 종결시까지로 한다.
(3) 감사의 보선
감사 중 결원이 생긴 때에는 주주총회에서 이를 선임한다. 다만, 이 정관에서 정하는 원수를 결하지 아니하고 업무수행상 지장이 없는 경우에는 선임하지 아니할 수 있다.
(4) 감사의 직무
① 감사는 회사의 회계와 업무를 감사한다.

② 감사는 이사회에 출석하여 의견을 진술할 수 있다.
③ 감사는 회의의 목적사항과 소집의 이유를 기재한 서면을 이사회에 제출하여 임시주주총회의 소집을 청구할 수 있다.
④ 감사는 그 직무를 수행하기 위하여 필요한 때에는 자회사에 대하여 영업의 보고를 요구할 수 있다. 이 경우 자회사가 지체없이 보고를 하지 아니하거나 그 보고의 내용을 확인할 필요가 있는 때에는 자회사의 업무와 재산상태를 조사할 수 있다.
⑤ 감사는 외부감사인의 선임에 있어 이를 승인한다.
(5) 감사록
감사는 감사에 관하여 감사록을 작성하여야 하며, 감사록에는 감사의 실시요령과 그 결과를 기재하고 감사를 실시한 감사가 기명날인 또는 서명하여야 한다.
(6) 감사의 보수와 퇴직금
감사의 보수 및 퇴직금은 이 정관에 그 액을 정하지 아니한 때에는 주주총회의 결의로 이를 정한다. 이 경우 감사의 보수 및 퇴직금 결정을 위한 의안은 이사의 보수 및 퇴직금 결정을 위한 의안과는 구분하여 의결하여야 한다.

〈감사위원회를 설치하는 경우〉

(1) 감사위원회의 구성
① 회사는 감사에 갈음하여 감사위원회를 둔다.
② 감사위원회는 3명 이상의 이사로 구성하되, 위원의 3분의 2 이상(적격해외증권시장에 3년 이상 상장된 경우에는 위원의 과반수)은 사외이사이어야 한다.
③ 감사위원회는 그 결의로 위원회를 대표할 자를 위원장으로 선정하여야 한다. 이 경우 위원장은 사외이사이어야 한다.
(2) 감사위원회의 직무
① 감사위원회는 이 회사의 회계와 업무를 감사한다.
② 감사위원회는 회의의 목적사항과 소집의 이유를 기재한 서면을 이사회에 제출하여 임시주주총회의 소집을 청구할 수 있다.
③ 감사위원회는 그 직무를 수행하기 위하여 필요한 때에는 자회사에 대하여 영업의 보고를 요구할 수 있다. 이 경우 자회사가 지체없이 보고를 하지 아니하거나 그 보고의 내용을 확인할 필요가 있는 때에는 자회사의 업무와 재산상태를 조사할 수 있다.
④ 감사위원회는 외부감사인의 선임에 있어 이를 승인한다.
⑤ 감사위원회는 제1항 내지 제4항 외에 이사회가 위임한 사항을 처리한다.
(3) 감사록
감사위원회는 감사에 관하여 감사록을 작성하여야 하며, 감사록에는 감사의 실시요령과 그 결과를 기재하고 감사를 실시한 감사위원회 위원이 기명날인 또는 서명하여야 한다.

4. 신주인수권

① 회사의 주주는 신주발행에 있어서 그가 소유한 주식수에 비례하여 신주의 배정을 받을 권리를 가진다.

② 주주의 신주인수권에도 불구하고, 다음 각 호의 경우에는 이사회의 결의로 주주 외의 자에게 신주를 배정할 수 있다.

1. ………
2. ………
3. ………

③ 주주가 신주인수권을 포기 또는 상실하거나 신주배정에서 단주가 발생하는 경우에 그 처리 방법은 이사회의 결의로 정한다.

5. 회계장부열람청구권

① 발행주식총수의 100분의 3 이상 또는 6개월 전부터 계속하여 발행주식총수의 1만분의 10 이상에 해당하는 주식을 가진 주주는 이유를 붙인 서면으로 회계의 장부와 서류의 열람 또는 등사를 청구할 수 있다.

② 회사는 주주의 청구가 부당함을 증명하지 아니하면 이를 거부하지 못한다.

6. 감사보고서의 정기주주총회 보고

① 회사는 외부감사인의 회계감사를 받은 감사보고서를 정기주주총회일 1주일 전까지 제출받아 정기주주총회시 주주에게 보고하여야 한다.

② 재무제표는 주권 또는 증권예탁증권을 거래소에 상장하기 위하여 채택한 회계처리기준(상장계약에 따라 거래소가 승인하여 회계처리기준을 변경한 경우 그 변경된 회계처리기준을 말한다)에 따라 작성된 것이어야 한다.

7. 정관필수기재사항의 적용 예외

이 정관필수기재사항과 외국기업의 본국 또는 주권이 상장되어 있는 해외증권시장의 관련 법규(해당 거래소의 규정 또는 기준을 포함한다)가 서로 상충되는 경우로서 거래소가 필요하다고 인정하는 사항에 대하여는 정관에 달리 기재할 수 있다.

외국기업의 정관필수기재사항은 국내 기업과 유사한 내부 통제 시스템을 구축하고, 한국법상 주주에게 보장되는 권리를 해당 기업의 주주들에게도 부여하는 것을 주요 내용으로 한다. 외국 기업이 한국에 상장할 경우, 투자자 보호를 위해 한국 상법에서 규정하는 소수주주권을 정관에 반영할 필요가 있다. 한국 상법은 다양한 형태의 소수주주권을 인정하고 있어, 일부 개념은 외국에서는 생소하거나 해당 법제와 상충될 수 있다. 예를 들어, 한국에서는 실권주 처리 방안을 이사회 재량으로 정할 수 있으나, 일부 국가에서는 실권주 배정이 명시적으로 금지된 경우도 있다. 이러한 경우, 한국거래소가 필요성을 인정하면 정관에 예외적으로 다른 규정을 기재할 수 있다.

또한, 한국에서는 기업 내부에 감사가 존재하는 반면, 외국에서 '감사(auditor)'라는 개념은 주로 한국 기준으로 외부감사인을 의미하는 경우가 많다. 일부 국가에서는 내부 감사 제도가 생소할 수 있으므로, 해당 국가에 소재한 기업이 한국에 상장할 때 정관에 이를 기재하여 줄 필요가 있다. 이 과정에서 감사와 사외이사 등 외국에서 익숙하지 않거나 다르게 사용되는 개념이 있다면, 이를 명확하게 정의해야 한다. 예컨대, 감사는 'external auditor'와 'internal auditor'로 구분할 수 있으며, 사외이사는 각 법제의 상황에 맞춰 'independent director', 'outside director', 'non-executive director' 등으로 표현할 수 있다.

더하여, DR의 경우 주권 그 자체가 아니라 주권을 표창하는 증권이기 때문에, 형식 주주(한국예탁결제원)가 발행받는 원주 외에 실질 주주와 원주에 연동하여 발행되는 증권이 있다는 점에 대해서도 정관에서 기재하여 줄 필요가 있다. 원칙적으로 외국기업의 주주는 DR 발행의 경우 한국예탁결제원이 되는데, 이때 향후 법률관계에 있어 누가 주주인지, 누가 주주권을 행사할 수 있는지를 정할 필요가 있기 때문이다. 다만, 정관에 구체적인 DR 보유자의 권리를 담기는 다소 어렵고 회사의 재량권 행사 측면에서 적절치 않은 경우가 많아, 원칙적으로 한국예탁결제원과 DR 보유자 간의 법률관계와 DR 보유자의 주주로서의 권리는 양 당사자 간에 체결되는 예탁계약서에 따른다.

현재 한국예탁결제원 표준 예탁계약서에 따르면 한국예탁결제원은 형식상 상장된 외국기업의 주주이기는 하지만, 신주인수권 행사나 배당금 수령, 의결권 행사 등 주주로서의 기본적인 권리를 제외하고는 상법상 의결권 이외에 주주제안권, 회계장부 열람권 등 발행회사의 경영에 참가하는 것을 목적으로 하는 주주의 권리(소수주주권)를 직접 행사하지 않는다. 따라서 그러한 권리를 행사하고자 하는 DR 보유자의 경우, 본인이 보유하고 있는 DR을 원주로 전환한 뒤 직접 권리를 행사하여야 한다.

[KDR 보유자의 일반적인 권리 행사 구조13)]

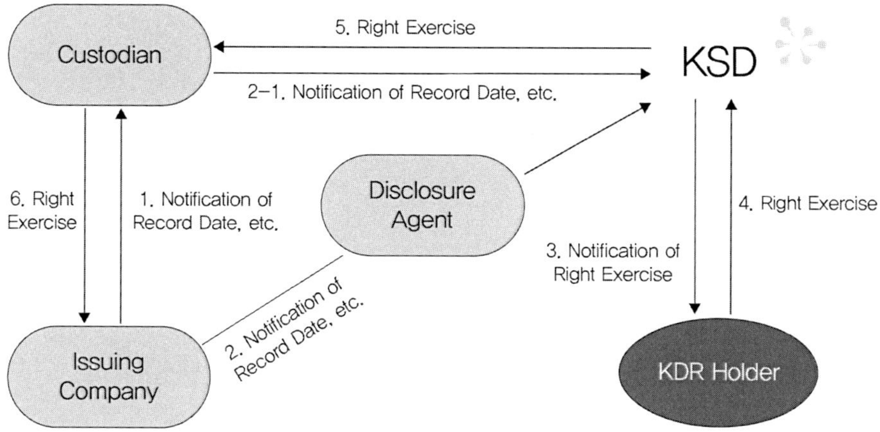

[KDR 보유자의 소수주주권 행사를 위한 원주 전환 절차14)]

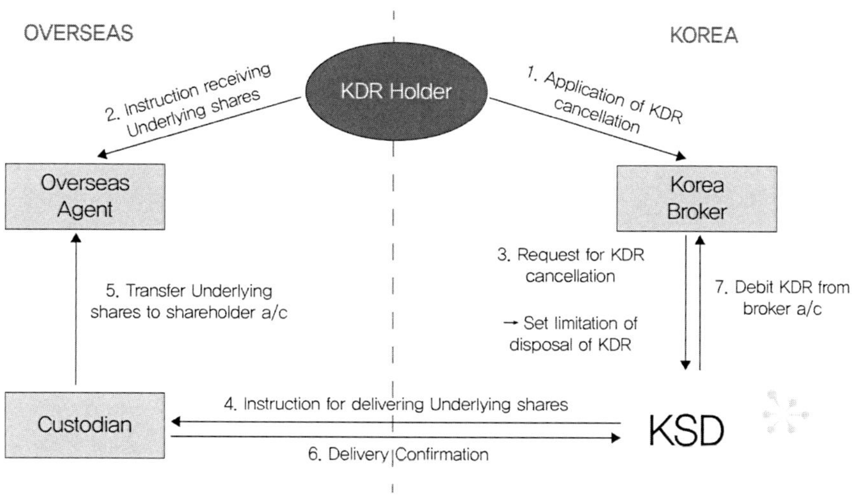

13) 한국예탁결제원. (2020). Introduction to Korean depositary receipts [PowerPoint slides]. p.7.

14) 상동. p.12.

2. 외국기업의 한국거래소 IPO 현황

회사명	업종	상장시장	상장방식	소재지 (지주/사업)	상장일
네오이뮨텍	자연과학 및 공학 연구개발업	코스닥	KDR	미국	2021-03-16
프레스티지바이오파마	자연과학 및 공학 연구개발업	유가증권	KDR	싱가포르	2021-02-05
고스트스튜디오 (구: 미투젠)	소프트웨어 개발 및 공급업	코스닥	KDR	홍콩	2020-08-18
소마젠	그외 기타 전문, 과학 및 기술 서비스업	코스닥	KDR	미국	2020-07-13
윙입푸드	기타 금융업	코스닥	지주 회사	홍콩/중국	2018-11-30
JTC	종합 소매업	코스닥	KDR	일본	2018-04-06
코오롱티슈진	기초 의약물질 제조업	코스닥	KDR	미국	2017-11-06
컬러레이	기타 금융업	코스닥	지주 회사	홍콩/중국	2017-08-10
오가닉티코스메틱	기타 금융업	코스닥	지주 회사	홍콩/중국	2016-11-04
GRT	기타 금융업	코스닥	지주 회사	홍콩/중국	2016-10-25
잉글우드랩	기타 화학제품	코스닥	KDR	미국	2016-10-14

회사명	업종	상장시장	상장방식	소재지 (지주/사업)	상장일
	제조업				
헝셩그룹	기타 금융업	코스닥	지주 회사	홍콩/중국	2016-08-18
로스웰	기타 금융업	코스닥	지주 회사	홍콩/중국	2016-06-30
크리스탈신소재	기타 금융업	코스닥	지주 회사	홍콩/중국	2016-01-28
엑세스바이오	의료용품 및 기타 의약 관련제품 제조업	코스닥	KDR	미국	2013-05-30
SBI핀테크 솔루션즈	소프트웨어 개발 및 공급업	코스닥	KDR	일본	2012-12-17
엘브이엠씨홀딩스	자동차 판매업	유가증권	지주 회사	케이만/ 라오스	2010-11-30
이스트아시아 홀딩스	기타 금융업	코스닥	지주 회사	홍콩/중국	2010-04-23
애머릿지 (구: 뉴프라이드 코퍼레이션)	자동차 부품 및 내장품 판매업	코스닥	원주 상장	미국	2010-04-21
씨엑스아이 (구: 씨케이에이치)	기타 금융업	코스닥	지주 회사	케이만/ 중국	2010-03-31
글로벌에스엠	기타 금융업	코스닥	지주 회사	케이만/ 중국	2009-12-23

* 국내소재외국지주회사 제외
* 지수회사의 경우 상장증권은 지주회사 발행 보통주임

추가로, 직접 원주 또는 DR을 상장하는 경우, 현지에 설립된 법인의 증권이 외국 시장에서 유통되는 것이므로 설립지 국가의 금융당국에서 상장을 승인할 필요가 있다. 예컨대, 베트남의 경우 베트남 증권위원회(State Securities Commission, 'SSC')에 해외유가증권상장 사전등록을 해야 하고, SSC는 10일 이내에 승인여부를 발행회사에게 통지한다. 발행회사는 상장 후 10일 이내에 상장결과를 보고하고 상장일로부터 6개월 마다 정기적으로 자본금 사용보고를 하여야 한다.

3. IPO 일정

D-14개월	• 대표주관사와 주관사계약 체결 • 법률자문사(현지 법률자문 포함) 및 회계법인 선임
D-6개월	• 대표주관사, 법률자문 및 회계법인에 의한 실사 실행 • 정관, 기업지배구조 및 내부 통제시스템 검토 및 변경 • 상장구조(DR 또는 원주)에 관하여 KRX 및 KSD와 협의 • KRX 및 KSD에 제출할 사전협의자료(내부통제시스템 체크리스트, 정관 체크리스트) 초안작성 및 제출 • 정관, 상장예비심사청구서 초안작성 및 변경에 관한 협의
D-4개월	• 상장예비심사청구서 제출(KRX) • 증권예탁계약서 체결(KSD) • 공시 및 기타 업무 대리인 선임계약 체결
D-2개월	• 예비승인(KRX) • 증권신고서 제출(FSC, FSS), 증권발행신고서 제출(MoEF)
D	• 인수, 배정 및 상장, 거래 개시

* 발행회사 및 대표주관사와 협의 후 조정 가능

개략적인 외국기업 IPO 일정은 위와 같다. 한국거래소와 한국예탁결제원, 금융감독원과 금융위원회를 포함하여 여러 관계당국과의 조율이 필요하고, 각국의 실무와 법제가 달라 예기치 못하게 일정이 변경될 수 있다는 점을 감안할 필요가 있다. 다만 상장 이후 스톡옵션 행사나 제3자 배정 유상증자 등의 경우에는 공모 방식으로 진행되는 것이 아니어서 위와 같은 타임라인이 적용될 필요가 없으므로, 통상 발행과 상장을 포함하여 1~2개월 정도의 시간이 소요된다.

부록

유가증권시장 및 코스닥시장 IPO 요건

가. 유가증권시장

구분			일반기업
형식요건	영업활동		설립 후 3년 이상 영업
	기업규모		
		상장주식	상장주식수 100만 주 이상
		자기자본	자기자본 300억 원 이상
	주식분산		□ 아래 중 어느 하나 충족

구분	일반주주 소유주식	일반주주
공모無	일반주주 소유비율 25% 이상 or 소유주식수 500만 주 이상①	500명 이상
공모 상장	공모주식수 25% 이상 or 공모주식수 500만 주 이상①	
	공모주식수 10% 이상 & 일정주식수②이상	
	국내외 동시공모 10% 이상 & 국내 공모 주식수 100만 주 이상	

* (일반주주) 최대주주등과 주요주주를 제외한 주주

① 상장예정주식수가 5천만 주 초과시는 상장예정주식수의 10% 이상
② 일정주식수

자기자본	시가총액	일정주식수
500~1,000억 원	1,000~2,000억 원	100만 주 이상
1,000~2,500억 원	2,000~5,000억 원	200만 주 이상
2,500억 원 ~	5,000억 원 ~	500만 주 이상

<table>
<tr><td>경영성과
/시장평가</td><td>□ 아래 중 어느 하나 충족
<table>
<tr><th>구분</th><th>상장요건</th></tr>
<tr><td>(1)</td><td>아래 ①, ② 모두 충족
① (매출액) 최근 사업연도 1,000억 원
& 최근 3사업연도 평균 700억 원 이상
② (수익성) 아래 중 어느 하나 충족
<table>
<tr><th>구분</th><th>요건</th></tr>
<tr><td>세전이익</td><td>최근 사업연도 30억 원
& 최근 3사업연도 합계 60억 원 이상</td></tr>
<tr><td>ROE</td><td>최근 사업연도 5% & 최근 3사업연도 합계 10% 이상</td></tr>
<tr><td>세전이익/
ROE/
영업현금
흐름</td><td>예비심사신청일 기준 자기자본 1,000억 원 이상
& 최근 사업연도 세전이익 50억 원 이상 or ROE 3% 이상
& 최근 사업연도 영업현금흐름이 양(+)</td></tr>
</table></td></tr>
<tr><td>(2)</td><td>최근 사업연도 매출액 1,000억 원 & 기준시총 2,000억 원 이상</td></tr>
<tr><td>(3)</td><td>최근 사업연도 세전이익 50억 원 & 기준시총 2,000억 원 이상</td></tr>
<tr><td>(4)</td><td>기준시총 5,000억 원 & 자기자본 1,500억 원 이상</td></tr>
<tr><td>(5)</td><td>기준시총 1조 원 이상</td></tr>
</table>
* 매출액: 개별·별도 재무제표/세전이익·ROE: 연결재무제표 기준</td></tr>
<tr><td>감사의견</td><td>최근 사업연도 적정의견
& 최근 사업연도의 직전 2사업연도 적정 또는 한정의견(범위 제한 제외)</td></tr>
<tr><td>양도제한</td><td>주식의 양도제한이 없을 것</td></tr>
<tr><td>사외이사</td><td>[지주회사] 상법상 사외이사 선임의무 충족</td></tr>
<tr><td>감사위원회</td><td>[지주회사] 상법상 감사위원회 설치의무 충족</td></tr>
</table>

<table>
<tr><td rowspan="6">질적심사*</td><td>기업계속성</td><td>영업상황, 재무상황, 경영환경 등에 비추어 기업계속성이 인정될 것
* 기업계속성 심사 면제요건: 아래 모두 충족
<table>
<tr><th>구분</th><th>요건</th></tr>
<tr><td>자기자본</td><td>예비심사신청일 기준 4,000억 원 이상</td></tr>
<tr><td>매출액</td><td>최근 사업연도 7,000억 원 & 최근 3사업연도 평균 5,000억 원 이상</td></tr>
<tr><td>세전이익</td><td>최근 사업연도 300억 원 & 최근 3사업연도 합계 600억 원 이상 & 각 사업연도 세전이익 존재</td></tr>
</table></td></tr>
<tr><td>경영투명성</td><td>기업지배구조, 내부통제제도, 공시체제, 특수관계인과의 거래 등에 비추어 경영투명성이 인정될 것</td></tr>
<tr><td>경영 안정성</td><td>지분 당사자 간의 관계, 지분구조의 변동 내용·기간 등에 비추어 경영 안정성이 인정될 것</td></tr>
<tr><td>법적 성격</td><td>상법상 주식회사로 인정될 것</td></tr>
<tr><td>기타</td><td>공익 실현과 투자자 보호를 해치지 않는다고 인정될 것</td></tr>
</table>

* (질적심사기준) 유가증권시장 상장규정 시행세칙 [별표2의2] 참조

나. 코스닥시장

<table>
<tr><th colspan="2" rowspan="2">구분</th><th rowspan="2">일반기업</th><th colspan="2">기술성장기업 상장특례</th></tr>
<tr><th>혁신기술기업</th><th>사업모델기업</th></tr>
<tr><td rowspan="3">형식요건</td><td>영업활동</td><td colspan="3">-('18.4.4.삭제)</td></tr>
<tr><td>기업규모</td><td>-('18.4.4.삭제)</td><td colspan="2">ㅇ 아래 중 어느 하나 충족
③ 자기자본 10억 원 이상
④ 기준시가총액 90억 원 이상</td></tr>
<tr><td>주식분산</td><td colspan="3">□ 아래 중 어느 하나 충족
<table>
<tr><th>구분</th><th>소액주주 소유주식</th><th>소액주주[*1]</th></tr>
<tr><td>(1)</td><td>[아래 중 어느 하나 충족]
① 예비심사신청일 기준 소액주주지분율 25% 미만시</td><td>500명 이상</td></tr>
</table></td></tr>
</table>

	: 공모 10% 이상 & 상장신청일 기준 소액주주지분율 25% 이상 ② 예비심사신청일 기준 소액주주지분율 25% 이상시 : 공모 5% 이상 & 공모 금액 10억 원 이상
(2)	공모 10% 이상 & 공모 주식수가 일정주식수[*2] 이상
(3)	[아래 중 어느 하나 충족] ① 모집에 의한 소액주주 지분율 25% 이상 ② 모집에 의한 소액주주 지분율 10% 이상 & 모집주식수가 일정주식수[*2] 이상
(4)	공모 25% 이상
(5)	국내외 동시공모 20% 이상 & 국내 공모 주식수 30만 주 이상

*1(소액주주) 1% 미만 소유주주(최대주주 등 제외)
*2(일정주식수)

자기자본	시가총액	일정주식수
500~1,000억 원	1,000~2,000억 원	100만 주 이상
1,000~2,500억 원	2,000~5,000억 원	200만 주 이상
2,500억 원 ~	5,000억 원 ~	500만 주 이상

경영성과/시장평가/기술평가			
경영성과 /시장 평가 /기술 평가	□ 경영성과기준(이익실현) : 아래 중 어느 하나 충족 ① 세전이익 50억 원 이상 ② 세전이익 20억 원(벤처: 10억 원) & 기준시총("시총") 90억 원 이상 ③ 세전이익 20억 원(벤처: 10억 원) & 자기자본 30억 원(벤처: 15억 원) 이상 ④ 세전이익 존재	□ 기술평가기준 -(원칙) 복수평가 : A & BBB 이상 -(예외) 단수평가 : A 이상 ① 소재부품장비 전문기업 ② 기준시가총액 5천억 원 이상 ③ 코넥스 이전상장 ④ 딥테크기업으로서 (국가전략	□ 일정요건 충족 상장주선인의 추천

<table>
<tr><td></td><td></td><td>& 시총 200억 원
& 매출 100억 원(벤처: 50억 원) 이상

□ 시장평가기준(이익미실현, "테슬라요건")
: 아래 중 어느 하나 충족

① 시총 1,000억 원 이상
② 시총 500억 원 & PER 2배 이상
③ 시총 500억 원 & 매출 30억 원
& 2년 평균 매출증가율 20% 이상
④ 시총 300억 원
& 매출 100억 원(벤처: 50억 원) 이상
⑤ 자기자본 250억 원 이상
⑥ (코넥스이전상장) 시총 750억 원
& 일평균거래대금 1억 원
& 소액주주지분율 20% 이상</td><td>기술 보유) 충분한 시장평가 존재 (시가총액 1천억 원 & 최근 5년 VC 투자유치 100억 원 이상)
*(참고) 외국기업
: 복수평가 (A & A)

□ 기술평가 면제: 시총 1조 원이상. 단, 내부 전문가회의로 기술력/사업성 인정

□ 상장주선인의 "혁신기술기업 시장성 의견서" 제출</td><td>□ 상장주선인이 사업모델의 경쟁력과 성장성 평가 보고서 제출
("사업모델기업 평가보고서")</td></tr>
<tr><td></td><td>감사의견</td><td colspan="3">최근 사업연도 적정의견. 분·반기 지정감사받는 경우 분·반기도 적정의견</td></tr>
<tr><td></td><td>양도제한</td><td colspan="3">주식의 양도 제한이 없을 것</td></tr>
<tr><td></td><td>액면가액</td><td colspan="3">100원, 200원, 500원, 1,000원, 2,500원, 5,000원</td></tr>
<tr><td></td><td>사외이사</td><td colspan="3">상법상 사외이사 선임의무 충족</td></tr>
<tr><td></td><td>상근감사</td><td colspan="3">상법상 상근감사 선임의무 충족</td></tr>
<tr><td>질적심사*</td><td>기업계속성</td><td>영업상황, 재무상황, 기술력, 성장성, 기타 경영환경 등에 비추어 기업계속성이 인정될 것</td><td colspan="2">영업상황, 기술성·사업성*, 성장성, 기타 경영환경 등에 비추어 기업계속성이 인정될 것
⇒ 평가등급이 AA 이상 시 기술성·</td></tr>
</table>

			사업성 질적심사항목 미적용 *(혁신기술기업) 기술중심 기업으로 기술의 완성도, 경쟁력, 시장성 등이 높은 기업 ⇒ 기술성 및 시장성 중심 평가 *(사업모델기업) 독창적 사업모델, 혁신적 아이디어 등 창의·혁신적 기업 ⇒ 사업성 및 자원인프라(경영역량/개발역량) 중심 평가
	경영 투명성 및 안정성	기업지배구조, 내부통제제도, 공시체제, 이해관계자거래, 상장 전 주식거래 등에 비추어 경영투명성 및 경영 안정성이 인정될 것	
			수익실현시점까지 경영 안정성 유지 여부
	기타	공익 실현과 투자자 보호를 해치지 않는다고 인정될 것	

* (질적심사기준) 코스닥시장 상장규정 시행세칙 [별표6] 및 [별표7] 참조

참고문헌

1. 단행본

김건식 · 노혁준 · 천경훈, 회사법(제6판), 박영사(2022).

권순일, 주석상법 [회사2](제6판), 한국사법행정학회(2021).

이철송, 회사법강의(제31판), 박영사(2023).

주식회사법대계I 제4판, 한국상사법학회(2022).

박용린 · 천창민 · 안유미, “해외선진PEF의 운영현황과 시사점”, 자본시장연구원(2012).

송옥렬, “주주간 계약의 회사에 대한 효력”, 저스티스 통권 제178호(2020).

한국상장사협의회, “내부통제의 통합체계”, 상장(2002).

기업공시 실무안내, 금융감독원(2024).

비상장 벤처기업을 위한 주식매수선택권 매뉴얼(제4판), 중소벤처기업부(2024).

비상장 벤처기업 복수의결권주식 가이드라인, 중소벤처기업부(2023).

유가증권시장 상장심사 가이드북, 한국거래소(2022-2024).

코스닥 상장심사 이해와 실무, 한국거래소(2023-2024).

2. 기타

금융위원회 보도자료, “물적분할 자회사 상장 관련 일반주주 권익 제고방안”, 금융위원회 · 금융감독원 · 한국거래소(2022).

금융위원회 보도자료, “신규 상장기업 임원의 주식 의무보유가 강화됩니다”, 금융위원회 · 금융감독원 · 한국거래소(2022).

저자 소개

이행규

서울대학교 법과대학 졸업

미국 Columbia Law School LL.M.(법학석사)

제38회 사법시험(사법연수원 제28기)

육군법무관

한국금융투자협회, 한국예탁결제원, 국민연금공단 고문변호사 역임

대한변호사협회 법제위원회 위원

미국 White & Case LLP 뉴욕사무소 International Lawyer

금융감독원 고문변호사

서울경제 금융증권 분야 대한민국 전문변호사 선정(2009)

금융법전략연구소 자본시장법 최고위 리더십 과정 수료

KOICA 개발컨설팅네트워크 자문위원회 위원

Ashoka Korea 감사

Chambers Asia-Pacific, Leading Individual(2021-2025)

IFLR, Leading Lawyer(2012-2024)

한국경제, IPO 최강 변호사 선정(2019, 2020, 2021, 2023)

한국거래소 아시아 우량기업 상장유치 전문위원(베트남)

한국거래소 유가증권시장 기업심사위원, 상장공시위원

법무부 해외진출 중소기업 법률자문단 자문위원

(현) 한국증권법학회 회원

(현) 한국거래소 고문변호사

(현) 법무법인(유) 지평 대표변호사

채남기

고려대학교 영어영문학과 졸업

미국 Vanderbilt University MBA(경영학 석사)

한국거래소 조사부

금융감독위원회 증권감독과 파견과장

한국거래소 유가증권시장본부 주식매매제도팀장 차장

한국거래소 코스닥시장본부 코스닥매매제도팀장 차장

한국거래소 유가증권시장본부 주식매매제도팀장 부부장

한국거래소 유가증권시장본부 주식시장부 부서장

한국거래소 경영지원본부 전략기획부 부서장

한국거래소 코스닥시장본부 상무, 공시위원회 위원

한국거래소 경영지원본부 상무, 한국예탁결제원 사외이사(당연직)

한국거래소 경영지원본부장(부이사장)

한국IR협의회 회장

(**현**) 법무법인(유) 지평 고문

김병률

고려대학교 행정학과 졸업

미국 Georgia State University M.B.A.(석사)

증권거래소 총무부, 업무개발부, 선물사무국, 시장부, 옵션시장부, 조사국제부

증권거래소 노조위원장

한국거래소 코스닥공시팀, 선물제도팀, 신사업팀 팀장

한국거래소 경영지원본부 국제부장

한국거래소 경영지원본부 인사부장

한국거래소 경영지원본부 기획부장

한국거래소 경영지원본부 상무(인사, 홍보 담당)

한국거래소 유가증권시장본부 상무(상장, 공시, 채권 담당)

한국거래소 유가증권시장본부 상장공시위원회 위원

한국거래소 유가증권시장본부 상장폐지실질심사위원회 위원

(**현**) 법무법인(유) 지평 고문

장영은

고려대학교 경영학과 졸업

고려대학교 대학원 석사과정 졸업(경영학)

미국 Michigan State University 경영대학원 석사과정 졸업(재무학)

제32회 공인회계사 시험

안건회계법인 근무

이룸컨설팅 근무

코스닥증권시장 근무

한국거래소 코스닥시장본부 공시부, 총무부(재무회계), 기획부 근무/한국거래소 유가증권시장본부 공시부(기업심사), 상장부 팀장

(**현**) 법무법인(유) 지평 수석전문위원·공인회계사

김진하

고려대학교 법과대학 졸업

고려대학교 법학전문대학원 졸업

싱가포르 National University of Singapore (NUS)

Faculty of Law LL.M.(법학석사, Corporate and Financial Services Law. AY2022-2023)

싱가포르 Allen & Gledhill LLP 인턴

제4회 변호사시험

해군법무관

싱가포르 WongPartnership LLP Visiting Lawyer

리걸타임즈, 자본시장 분야 'Rising Star'(2022)

IFLR, Capital markets 분야 'Rising Star'(2022-2023)

IFLR, Capital markets 분야 'Rising Star Partner'(2024)

한국금융연수원 IPO과정(IPO관련 법률) 강사

(**현**) 한국증권법학회 회원

(**현**) 대한변호사협회 금융변호사회 회원

(**현**) 법무법인(유) 지평 파트너변호사

이유진

고려대학교 경영학과 졸업(정치경제법 융합 이중전공)

고려대학교 법학전문대학원 졸업

고려대학교 일반대학원 법학과 박사과정 수료(상법 전공)

미국 Columbia Law School LL.M. 연수 중

제6회 변호사시험 합격

(**현**) 한국증권법학회 회원

(**현**) 한국기업법학회 회원

(**현**) 한국상사법학회 회원

(**현**) 한국금융법학회 회원

(**현**) 법무법인(유) 지평 파트너변호사

서민아

이화여자대학교 경영학과 졸업

이화여자대학교 법학전문대학원 졸업

제39회 공인회계사 시험

삼일회계법인 근무

KOTRA 근무

제8회 변호사시험

IFLR, Capital markets 분야 'Rising Star'(2021–2024)

(**현**) 법무법인(유) 지평 변호사・공인회계사

김민우

성균관대학교 글로벌경제학과 졸업

서울대학교 법학전문대학원 졸업

제10회 변호사시험

(현) 법무법인(유) 지평 변호사

김희종

서울대학교 경제학부 졸업

서울대학교 법학전문대학원 졸업

제12회 변호사시험

(현) 법무법인(유) 지평 변호사

개정판
지평 IPO 실무연구(2025)

초판발행 2024년 3월 10일
개정판발행 2025년 3월 15일
중판발행 2025년 6월 10일

지은이 법무법인(유) 지평·IPO 실무연구회
펴낸이 안종만·안상준

편 집 장유나
기획/마케팅 조성호
표지디자인 이수빈
제 작 고철민·김원표

펴낸곳 (주) 박영사
서울특별시 금천구 가산디지털2로 53, 210호(가산동, 한라시그마밸리)
등록 1959. 3. 11. 제300-1959-1호(倫)
전 화 02)733-6771
f a x 02)736-4818
e-mail pys@pybook.co.kr
homepage www.pybook.co.kr
ISBN 979-11-303-4961-9 93360

정 가 17,000원